Web3.0

一场互联网生态的变革

中国信息通信研究院　编著

人民出版社

目录

序　言

当前，我国数据要素市场建设取得了显著成效，市场主体和市场环境不断完善，数据要素的质量得到了大幅提升。然而，在数据要素市场化配置的过程中，依然存在着权属界定、估值定价、市场规则和流通技术等关键性问题亟待解决。Web3.0 有望为解决这些问题提供有效方案。通过区块链技术的引入，Web3.0 能够优化数字空间中数据要素的产权关系，使数据的权属关系更加清晰明确，并提供可信的交易和溯源机制。同时，智能合约的运用将为数据要素的安全流通提供保障，确保数据在交换和共享过程中的可控性和可靠性。此外，Web3.0 还可以通过去中心化的方式优化数据要素的价值分配，使各参与方都能够公平分享数据创造的价值。

Web3.0 将深刻影响下一代互联网的形态，其所具备的技术与商业价值将为数字经济带来巨大的开发潜力和想象空间。通过构建去中心化的数字经济生态系统，促进创新和创业活动的蓬勃发展，为个人和企业创造更多的机会和可能性。推动互联网从中心化的模式转向以个体为核心的去中心化模式，赋予用户更大的数据控制权和个人隐私保护能力。

本书分为六章，全方位、多角度地对 Web3.0 进行了阐述和分析。第一章介绍了 Web3.0 的产生原因、典型特征以及所产生的经济效益。第二章从技术角度系统性地介绍了 Web3.0 的整体技术架构，以及数字身份、数字资产、数据流通等核心功能组件。第三章则从开发者的角度详细讲解了 Web3.0 应用平台的开发部署。第四章和第五章分别介绍了当前 Web3.0 的应用生态与场景，并从政策、标准、市场与产品等多个维度对 Web3.0 产业发展进行了全方位解析。第六章描述了 Web3.0 未来可能存在的机遇与挑战，探索可行的应对策略。

在这个充满活力和变革的时代，我们迫切期待 Web3.0 对互联网体系的引领和推动。相信 Web3.0 将为我国数据要素市场带来前所未有的发展机遇，推动数据要素的市场化配置迈上新的台阶，并为构建数字经济新格局作出重要贡献。

第一章

Web3.0 基本认识

在信息时代的浪潮中，互联网一直处于不断演化的前沿。Web3.0 最早由英国计算机科学家蒂姆·伯纳斯-李（Tim Berners-Lee）于 1998 年提出，用于描述让网络更加理解信息本身、更智能服务用户的语义网概念。2014 年，以太坊联合创始人加文·伍德（Gavin Wood）提出 Web3.0 的新设想，希望以区块链、智能合约等为起点来构建其体系结构，开启数字经济的浪潮。2024 年 1 月，工业和信息化部等七部门联合印发《关于推动未来产业创新发展的实施意见》，指出要推动第三代互联网在数据交易所应用试点，探索利用区块链技术打通重点行业及领域各主体平台数据，研究第三代互联网数字身份认证体系，建立数据治理和交易流通机制，形成可复制可推广的典型案例。Web3.0 代表着互联网的下一阶段，它不仅是技术的进步，更是一种革命性的思维方式，重塑了我们与数字世界互动的方式，重新定义了数字经济的规则。Web3.0 将带我们进入一个充满创新和机遇的数字世界，当然这一过程也伴随着巨大的挑战。本章第一节将介绍 Web3.0 的产生原因；第二节将介绍其典型特征；第三节将介绍其经济空间。

第一节　产生原因：信息互联网向价值互联网演进

互联网又称因特网（Internet），发展至今已有近60年的历史，其起源可以追溯至20世纪60年代的一项由美军在美国国防部高级研究计划局（Advanced Research Projects Agency，ARPA）制定的计划。该计划为实现计算资源的共享，提高研究效率，并且在苏美冷战期间提高通信系统的韧性，连接了加利福尼亚大学洛杉矶分校、斯坦福研究所、加利福尼亚大学圣巴巴拉分校和犹他大学的四个网络节点。该计划的实施标志着互联网的诞生。

跨过60年代的基础技术阶段，70年代互联网最大的突破就是传输控制协议/互联网协议（Transmission Control Protocol/Internet Protocol，TCP/IP）的诞生，这为不同计算机与不同网络之间的互联互通打下了基础，该阶段又被称为基础协议阶段。而到了80年代基础应用阶段，依靠TCP/IP协议为基础的应用层协议层出不穷，全球各种网络应用开始如雨后春笋般大量涌现，并且随着电子邮件（E-mail）、电子公告牌系统（BBS）和网络新闻组（USEnet）等应用的普及，促成了互联网在全球学术界的"联网"。

上述阶段是互联网商业化之前孕育、积累与完善的30年，但碍于技术层面的限制，互联网还只是小部分人群在使用，用户群体较少，发展相对平缓，缺乏大规模的现象级应用。然而正是这长达30年的"潜伏期"，为即将到来的信息互联网时代积蓄了巨大的能量。

90年代互联网开始进入大众视野，融入人们的日常工作生活中。可以说，信息互联网时代的每一次技术革命都给人们的生活带来了巨大的改变。而区块链技术的诞生，又为下一代互联网即价值互联网提供了核心技术支持。人们通常将90年代后的互联网划分为三个阶段——Web1.0时代、Web2.0时代和Web3.0时代，其中，Web1.0时代与Web2.0时代为信息互联网时代，Web3.0为价值互联网时代（见图1-1）。接下来本书将具体介绍

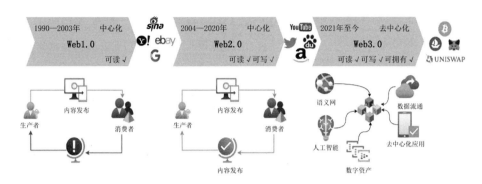

图 1-1　20 世纪 90 年代以后互联网演进图

信息互联网和价值互联网的相关内容。

一、信息互联网

互联网的出现与普及让整个世界互联又互通，大大降低了全球范围内的信息传递成本，人与人之间、人与机构之间自由的信息交换不再是一件难事，呈现出"一屋不出便知天下事""信息大爆炸""互联网+"等典型特征。传统的互联网往往以记录信息、传输信息为主，因此又被称为信息互联网。

如上文所述，根据用户对互联网参与形式的不同，可以将信息互联网分为两个阶段：Web1.0 时代与 Web2.0 时代。下面将具体阐述 Web1.0 时代与 Web2.0 时代互联网的发展及核心特点。

（一）Web1.0：联通共享

Web1.0 是信息互联网的第一个阶段，同时也是人们在日常生活中使用的最早的互联网版本。Web1.0 时代大约是从 1990—2003 年，这一时期盛行拨号连接和笨重的台式计算机，互联网又被称为"万维网"。

Web1.0 由静态内容（而非动态超文本标记语言）标记，数据和内容来自静态文件（而非数据库），并且托管在互联网服务提供商（ISP，如三大运营商等）的网络服务器中。Web1.0 是一个内容交付网络，能够在网站上展示信息，它可以作为个人网站使用，由互联网服务提供商按浏览的页面向用户收费。

网站的主要功能是发布信息，网页显示的是只读情况和在线格式。其网页和早期的电视一样，都是黑白的，美观程度较低。信息传递是单向的，通过推送模式向客户传递信息。在这种模式下，客户无法进行互动或对内容作出贡献，因此不能提供反馈意见。网站没有太多的交互性，用户只能被动地浏览文本、图片及视频内容，也就是说网站提供什么用户就查看什么。该模式类似于数字杂志和报纸，但不提供评论与跟帖功能。应用模式较为单一，最知名的应用就是博客，同时这也是当时用户唯一可以自己创建和发布内容的模式。值得注意的是，近年来在国内发展迅速的电商模式，其实早在 Web1.0 时代就已经诞生了，如亚马逊（Amazon）、雅虎（Yahoo）等。许多我们耳熟能详的国外互联网科技大型企业都是诞生于 Web1.0 时代，如亚马逊（Amazon）、谷歌（Google）、苹果（Apple）、微软（Microsoft）和易贝（eBay）。截至 1996 年，Web1.0 已拥有超过 20 万个网站，顶级域名 .com 热潮在当时如火如荼地推进。

尽管如此，按照如今的标准，Web1.0 尚比较原始，大多数网站都无法根据用户的信息与意图动态地提供相关内容。从 Web1.0 过渡到 Web2.0 经历了若干年，随着互联网的基础设施和开发工具越来越先进，参与其中的人也越来越多，互联网也越来越紧密地融入人们的生活中。

（二）Web2.0：内容交互

Web2.0 最早由信息架构咨询师达西·迪努奇（Darcy DiNucci）在 1999 年撰写的文章《破碎的未来》（Fragmented Future）中提出，她认为："我们现在所知道的 Web 基本上是以静态形式被加载到浏览器窗口中，但这只是未来 Web 的雏形。未来的网络不再只是满屏的文本，而是一种会产生实时交互的传输机制。”①

从 Web1.0 到 Web2.0 的过渡在 90 年代后期就已经有所体现，诸如亚马逊、易贝等电商平台的出现，这些平台网站上会显示推荐和用户评论，用户能够评价买家和卖家，人们的参与感更强。2004 年至今，各种互联网应用层出不穷，从早期的论坛、贴吧、微博，到手机的普及和移动互联网的出现，人们足不出户就可以享受到许多服务。

Web2.0 的核心是内容交互，用户可以在互联网上进行内容创作。早期如论坛、贴吧等，用户通过注册账号在各个板块交流，发帖讨论，进行信息交换。随后即时通信软件如 QQ、微信、WhatsApp 等的出现，更是大大降低了人们之间的交流成本。与此同时，支付宝和微信等移动支付改变了人们的支付方式，简化了支付流程；在线服务平台如饿了么和美团使外卖变得更加便利，人们可以在家享受饭店的美食；在线缴费服务让人们可以通过手机缴纳水电费，避免了线下排队的烦琐过程；打车服务也得到了改进，人们可以通过手机预约和搭乘出租车、公交车和地铁；铁路 12306 让火车票的购买变得更加便捷。移动互联网成为 Web2.0 时代的重要组成部分。

Web2.0 时代技术的发展也催生出许多新兴行业。视频平台如油管（YouTube）、优酷和哔哩哔哩的兴起，为人们提供了上传视频的机会，观众可以对视频进行评价，平台依据视频质量和观众评价为视频制作者提供激励和奖励，鼓励用户制作并分享视频，各大厂商也在这些平台上投放广告，视频制作者可以通过激励计划和广告获得收入。短视频平台如抖音和快手的崛起，加速了流媒体平台在用户中的传播，同时也降低了视频的制作成本。自媒体行业随之崛起，成为 Web2.0 时代的一种新兴行业。在新冠疫情期间，视频会议工具如腾讯会议和 Zoom 开始被大规模使用，办公软件如钉钉、飞书和企业微信也被广泛运用。与此同时，直播带货也成了人们的主要消费模

---

① 　Watson I., Buchanan J., *Fragmented Futures: New Challenges in Working Life*, Federation Press, 2003, p.21.

式。这种模式有效解决了实体店顾客减少和库存积压的问题，一些受欢迎的直播带货主播实现了惊人的销售业绩，一定程度上带动了实体经济的复苏。Web2.0时代的各种商业模式随着网络的发展不断演进，为人们提供了多样化的工作方式。

可见，在以内容交互为核心、用户可以自主创造内容的模式下，互联网规模急速膨胀，网络成为人们生活中必不可少的部分。

但不难看出，Web2.0时代数据是专有的、封闭的。企业控制着基础设施、应用和存储数据的服务器，甚至可以决定用户的参与资格、参与时间和参与方式。一般来说，虽然用户可以免费使用自身的数据，但其本身并未真正拥有这些平台上的数据。举例来说，用户在电商平台上购物，所有的购物记录和订单信息都存储在该平台的服务器中，用户仅能查看自己的消费记录，但电商平台却可以利用用户的购物信息推断用户喜好并进行相应的推送，甚至能够对数据进行修改和销毁。也就是说，处理数据的主动权不在用户手中而在平台手中。简而言之，Web2.0存在两大核心问题：缺乏数据隐私、服务过于中心化。

1. 隐私问题

Web2.0应用通常是"免费的"，因为使用其服务不收费。但是，这些应用软件背后的公司却要利用用户信息来创收：首先，企业收集大量个人数据，并以吸引在线广告商投放具有高度针对性的广告的形式从中获利。之后，这些用户数据可能会被出售和共享，我们日常生活中接到的骚扰和诈骗电话大多是因为自己的个人信息被平台出售给了第三方。这种商业模式引发了人们对隐私和数据安全的担忧，以及对数据主权和个人权利的关注。用户希望能够更好地掌控自己的数据，决定哪些数据可以被收集和使用，并且能够从自己的数据中获得经济利益。

可见，Web2.0隐私方面的挑战在于，用户往往无法控制自己的数据是否被收集，以及决定如何存储自己的数据、大型科技公司如何处理这些数据。用户必须以自己的数据作为交换来使用应用软件，相关科技公司并不直接从产品中获取收入，而是将用户及其数据视为一种商品。

2. 中心化服务问题

Web2.0 的另一个关键问题在于，它依赖于中心化服务提供商。这些中心化服务提供商拥有验证用户的身份、授权在线交易、控制谁可以发布内容，以及发布什么样的内容等特权。

尽管欧洲的《通用数据保护条例》（GDPR）、美国加利福尼亚州的《加州消费者隐私法案》（CCPA），以及我国的《中华人民共和国个人信息保护法》等法规都赋予了用户更多的权利，如披露所收集的数据、收集方式、存储位置及销毁方式等，但中心化服务问题带来的威胁依然未能根除。

在 Web2.0 时代，中心化的机构掌握着用户数据并能对其身份进行验证，这给用户带来了一系列的隐私和安全问题，也限制了用户对自己数据的控制权和参与权。然而，随着 Web3.0 的发展，基于区块链和去中心化技术的新一代互联网正在崛起。Web3.0 的愿景是通过去中心化的协议和智能合约，使用户能够更直接地管理和控制自己的数据，并与其他用户直接进行交互，而无须依赖中心化的机构。这将赋予用户更大的数据主权和隐私保护，并实现用户之间更加平等和自主的交互。

二、价值互联网

当今社会，信息技术的发展已经极大地改变了人们的生活方式和工作方式。信息互联网的出现，使人们可以更为方便、快捷地获取各种信息，实现信息的低成本、高效率传输。但是，信息互联网还存在一些信用问题。

首先，在信息互联网中，造假的成本很低，有价值的信息难以被保护，信息的真假也难以被核实。在这种情况下，真假鉴定和网上交易必须依靠线下的权威机构或线上可信赖的第三方机构，这增加了运营成本和时间成本，限制了信息的传播速度和范围。其次，在信息互联网中，无法确定资产的所有权，因此资产交易必须借助第三方机构来实现价值的转移。也就是说，信息互联网无法确保网上交易安全，也难以保证数据的真实性、完整性和高效率，需要依托第三方机构才能解决信息中的信用问题。这种基于信用而存在的第三方机构（如银行）的运营成本非常高。因此，我们急需一种技术，在不能保证交易双方彼此信任的情况下，还能进行价值交换，最终实现真正的去中心化和去第三方机构。区块链技术的出现，为解决这一问题提供了新的思路。

（一）区块链与价值互联网

2008 年，中本聪（Satoshi Nakamoto）发表了一篇名为《比特币：一种点对点的电子现金系统》（Bitcoin: A Peer-to-Peer Electronic Cash Syste）的论文，并在随后发布的《比特币白皮书》中提出"区块链"的概念。至此，一项能够实现去中心化的技术就此诞生。

区块链技术是一种分布式账本技术，通过去中心化的方式实现数据共享和交易，使整个网络更加透明、可信、安全和高效。在区块链中，每一个参与者都可以拥有完整的账本副本，数据的更新由各个节点共同完成，所有交易的记录都被长期保存，并且不可篡改。这样，就能够确保信息的真实性、所有权的确定性和交易的安全性，消除了对第三方机构的依赖。同时，区块链技术也有助于降低信用风险，增强互联网的可信度和稳定性。

此外，区块链实现了信用与价值的低成本转移，进一步降低了人与人之间彼此交易的互信成本，一种去中心化的价值网络——价值互联网应运而生。因此，区块链技术也被视为价值互联网的基石，即区块链技术的出现推动了价值互联网的兴起。

价值互联网为数字资产的流通提供了平台和技术基础。价值被保存在互联网上，只是这个互联网不是传统的互联网，而是区块链互联网，价值体现就是数字资产。

就个人而言，我们的所有实物资产、无形资产都可以映射到网络上，比如农民的土地、个人的房产、个人收藏的艺术品，甚至是个人身份信息、个人的时间和注意力等，都可以在区块链网络里被准确地记录和保存。价值以数字资产的形式固定下来。这样，当我们通过区块链网络与别人交换价值时，就没有了国界限制和中心控制。

（二）Web3.0 价值传递

Web3.0 是以去信任、去中介和数字资产化为理念，以区块链为底层关键技术，以数字生产和数字消费为主要经济形态的新一代互联网，我们称之为"价值互联网"。

Web3.0 最大的突破是解决了"数据属于谁"的问题，用户所创数字内容的拥有权和控制权都归属于用户。这意味着用户可以自主选择如何管理、分配和交易他们所创造的价值。与传统的 Web2.0 不同，Web3.0 将数字内容提升为数字资产的地位，赋予其与实物资产相似的价值，也就是说数字内容不再是简单的数据，而是具备了资产级别的属性。用户可以使用区块链技术确保数字内容的唯一性拥有权，将其转化为非同质化通证（Non-Fungible Token，NFT），使其成为可独立交易和进行价值传递的数字资产。这意味着用户可以通过智能合约与他人签订协议，规定数字内容的使用、分配和收益分享方式。在 Web3.0 时代，数字资产的管理和交易可以实现自动化执行，不再依赖第三方机构的干预。智能合约作为可编程的规则和条件，可以自动化地执行交易和分配机制，确保参与者的权益得到公正和透明的处理。同时这种全新的互联网世界赋予了用户更大的自主权和经济激励，鼓励用户进行创造和创新，更加自由地展示、交易和分享他们的数字内容，同时从中获得合理的经济回报。这种经济模型的变革将推动数字经济的发展，激发创造力和创新力，为用户提供更多的就业机会和选择。

从技术架构层面来看，Web3.0 与 Web1.0、Web2.0 有着显著的区别。客户端—服务端体系架构是 Web1.0 和 Web2.0 最常用的架构，同时也是其显著的缺陷之一——该集中式的体系架构拥有用户所有的数据，一旦一个人拥有数据访问权限，就可以读取、修改或删除整个数据集，因此，对人们的隐私构成了重大风险。而 Web3.0 以区块链技术为核心构造的去中心化网络没有中心化的服务器，数据将分散在整个网络中，也就不存在数据泄露的威胁，个人数据将不再作为商品出售。

在过去的十余年里，以比特币和以太坊为代表的公链生态迅速发展，加速了区块链底层技术的成熟。区块链的研发机制根植于开源社区，具有开放、共享和无界创新等特征，是一种重要的公共产品，不受任何个人或机构的独占。区块链的分布式账本技术能够从数字产品和服务中提取使用权，将其以标准化和份额化的数字货币（Token）形式呈现，并构建数字资产市场。这个市场可以在全球范围内提供使用权的发行和交易等服务。区块链的分布式账本技术使数字资产可以以安全、透明和可追溯的方式进行交易，为数字经济的发展带来了新的机遇。在价值捕获方面，区块链展现出了"胖协议、瘦应用"的特征。这意味着区块链的核心协议层具有较高的价值，而应用层相对较薄弱。区块链协议层的设计和运作为各种应用提供了基础服务，而应用层的创新和发展主要集中在利用区块链的特性来实现特定的功能或解决具体的问题上。这种设计使区块链具有更大的灵活性和适应性，同时也为不同的应用提供了更多的发展空间。

下一个阶段，建立在区块链基础设施上的 Web3.0 应用将成为新的发展重心，并对数字世界的经济金融活动、社会互动及隐私保护等方面产生革命性影响。首先，区块链基础协议将作为 Web3.0 应用发展的基础保障，通过智能合约保证商业活动在区块链上的有效运行。其次，Web3.0 应用通过去中心化的治理机制来保证其系统的可信度、公开透明、无须许可参与等特性，而去中心化自治组织（Decentralized Autonomous Organization，DAO）

也将成为主要的组织形式。最后，非同质化代币（通证）成为 Web3.0 应用中用户的身份证明、能力证明、行为证明、工作量证明、贡献度证明、活跃度证明，以及产品和服务证明等。依据这些证明，数字货币将作为激励工具，建立有效的激励机制，激励用户不断地参与到 Web3.0 生态建设中。

随着各国对加密货币相关监管政策的不断完善，权益型代币将获得长足发展。在围绕 Web3.0 应用构建的分布式经济中，权益型代币、功能型代币及非同质化代币（通证）将在履行各自职能的基础上，通过激励机制充分遵循利益相关者原则。Web3.0 新经济将内嵌新的经济制度和金融系统，其创造的经济和社会价值将大于营利性公司制和由志愿者组成的开源社区两种组织形态，而这些价值将由权益型代币、功能型代币及非同质化代币（通证）的持有者所共享。

在 Web3.0 时代，价值互联将成为可能，价值的传递比信息的传递更加重要。互联网技术让信息能够在全球范围内得到分发，且种类丰富、价格低廉、可快速复制。但这些特点却与"价值"是相对立的，根据经济学的定义，任何有价值的东西，无论是金钱还是资产，都应该是稀缺的、难以获得的。在传统的互联网模式中，信息的复制和传播是相对容易的，导致信息稀缺性减小，价值降低。然而，在 Web3.0 时代，区块链技术和加密经济模型缓解了这一问题。区块链的分布式账本和智能合约技术使数字资产可以得到唯一性和独特性的保障，从而实现了数字资产的稀缺性。此外，通过加密技术和身份验证，个人的数字身份和数字资产得到了安全保护，进一步增强了其稀缺性和价值。

在 Web3.0 时代，数字资产可以通过区块链网络进行快速、安全、无须第三方机构的交易。这为人们提供了全球范围内的价值交换机会，促进了全球经济的发展和连接。同时，区块链技术和智能合约使价值交换可以以更加透明、可追溯的方式进行，提高了信任和安全性。

总而言之，Web3.0 旨在重新设计现有的互联网服务和产品，可以被视为一个开放的互联网，建立在所有用户都可以访问的开放协议和透明的区块链网络之上。它或许将从根本上改变人类和机器的交互方式，实现安全的数据传输，推动数字经济的发展，并开启一个自动化、智能化的全新互联网时代。

（三）Web3.0 互联网创新

"创新是成功的源泉。"互联网在取得巨大成就的同时，互联网社群始终没有放松对自己的要求，反而在不断寻找新的颠覆式创新。

第一条创新路径是探索"数据的互联网"。从浏览网页、语音通话到视频分享，网络中数据流量在不断增加，对网络架构不能满足发展需求的担忧也在不断萌生。1994年，"互联网之父"、TCP/IP 协议联合发明人罗伯特·卡恩就率先提出数字对象体系架构（Digital Object Architecture，DOA）理念，希望将数字空间的关注度从主机细化到数据。2006年，TCP 协议的主要贡献者、TCP 流量控制算法的提出者范·雅各布森提出命名数据网络（Named Data Networking，NDN）概念，认为应按照数据服务的目标设计路由协议和转发设备，重构互联网架构。

第二条创新路径是探索"智能的互联网"。调度/控制和处理/承载是网络作为连接桥梁的基本功能，也是互联网架构师"添加智能"的主要着力点。2009年，软件定义网络（Software Defined Network，SDN）的思路被美国斯坦福大学提出，成为后续致力于将网络控制面与数据转发面相分离的网络架构创新的基本方法。

第三条创新路径是探索"安全的互联网"。最初的尝试大多聚焦于网络核心系统的安全增强，如 IPsec[①]、BGPsec[②]、DNSSEC 等。2008年，区块链

---

① IPSec 是包括安全协议（Security Protocol）和密钥交换协议（IKE），由工程任务组（IETF）开发的，可为通信双方提供访问控制、无连接的完整性、数据来源认证、反重放、加密以及对数据流分类加密等服务的一系列网络安全协议的总称。

② BGPsec 是在传统边界网关协议（BGP）的基础上进行扩展的，其目的是增强 BGP 路由协议的安全性。

技术随着比特币的诞生而出现在世人面前，但学术界和产业界更期待的是通过共识、合约构建全新的可信数字空间。

狭义上，Web3.0 是应用创新，未改变互联网的底层基础设施。广义上，Web3.0 不仅仅是应用创新，其对于数据价值传递、身份可信管理等应用生态的变革会影响一系列互联网体系的变化，促进互联网体系架构的系统性升级。目前，Web3.0 主要是依托区块链的信任基础设施、借助数字钱包的可信网络入口、基于数字身份的认证体系、面向数字资产的管理流通应用等，去打造一个"数据驱动、自主管理、分布互联、安全可信"的新一代互联网框架。

Web3.0 在数据层面主要体现在数据要素的流通上，有助于建立更加开放、安全和可信赖的数字生态系统，并为用户提供更多的选择和控制权。然而，需要应对与数据隐私、安全性和互操作性相关的挑战，以确保数据流通的可靠性和可持续性。而 Web3.0 在智能层面也有着较多的体现。

1. 智能创新

伴随 GPT 自然语言大模型的成功，AIGC 这一创作和生产模型也逐渐被熟知。在 Web3.0 时代中，数字世界将变得更为清晰，人工智能（AI）也一直被视为元宇宙关键技术之一，是助力数字孪生的重要利器。从"只读模式"的专业生成内容（PGC），到用户自发参与的用户生成内容（UGC），再到人工智能生成内容（AIGC），内容创作门槛正在逐步降低，内容生产力无疑将获得更高的释放。

不妨想象一下，在虚拟世界里，无论是打造比拟真实场景的外在，还是塑造数字生物的"思想"内在，都需要更高效、更实时的内容创作，这也就凸显了能够突破人力限制的人工智能技术的重要性。以游戏中的智能非玩家角色（NPC）为例，若每个非玩家角色都以智能体的形式存在，那么它就不仅能够识别所处环境状态的变化，而且能够根据环境状态调整行为策略，作出符合自身个性特征的行为。在任何场景下，玩家与智能体的每一次互动，智能体都能够根据玩家状态、环境状态和自身状态的参数作出相应的行为，进而在与玩家的互动过程中产生突发的动态内容，这对于数字世界的意义不言而喻。

随着网络空间内容作品和收益的增加，内容创作者对内容的主权越来越重视，而Web3.0具备数据主权的特征，可为当前的智能内容创新提供可靠的、可信的基础设施。而现如今各大科技巨头、互联网大厂都在迈向下一代互联网，在AI算力的加持下，数字化时代正在开启新一轮加速，AIGC背后的生产力——人工智能技术与Web3.0的结合模式已被纳入企业的重要战略布局之中。

2. 安全创新

Web3.0强调了去中心化、用户数据隐私和区块链技术的应用，以应对不断增长的网络威胁和数据隐私担忧。

去中心化的安全性。Web3.0的一个关键特点是去中心化。如前文所述，传统的Web2.0模式中，数据和服务通常被集中存储在中央服务器上，这使网络更容易受到攻击。然而，Web3.0采用分布式账本技术，如区块链，将数据分散在网络的多个节点上，而不是集中在一个地方。这降低了单点故障的风险，提高了系统的可用性和抗攻击性。

区块链的安全性。区块链使用密码学技术来保护数据的完整性和安全性。一旦数据存储在区块链上，就难以修改，这使数字身份、智能合约和交易记录都能够受到高度保护。

用户数据隐私。Web3.0强调用户对其个人数据的控制和隐私保护。用户可以选择在不同的应用程序和服务之间共享数据，而不是将数据集中在某一个大型科技公司的服务器上。去中心化身份验证和智能合约确保了数据的安全性和用户对数据的拥有权，使用户能够更好地掌握自己的数字足迹。

智能合约的安全审计。Web3.0中的智能合约是自动执行的计算机程序，可以处理资金和数据。为确保智能合约的安全性，Web3.0社区积极进行智能合约的安全审计。专业审计师通过检查合约代码，查找漏洞和潜在的风险，以确保合约不会被滥用或攻击。

去中心化身份验证。传统的用户名和密码登录方式容易受到黑客攻击，但 Web3.0 引入了去中心化身份验证方法。用户可以使用区块链创建的数字身份来登录应用程序，从而减少了密码泄露的风险。

零知识证明和隐私币。Web3.0 还引入了零知识证明（Zero-Knowledge Proofs）和隐私币（Privacy Coins）等隐私保护技术。零知识证明允许验证方确认某些信息的真实性，而无须了解这些信息的具体内容，从而保护了数据隐私。隐私币允许用户在交易中保持匿名，不易被跟踪。

去中心化应用程序的安全性。Web3.0 中的去中心化应用程序（DApps）通常受到智能合约的支持。这些应用程序的代码是公开的，可以由社区审查和改进，从而降低了恶意代码的风险。

Web3.0 在安全性方面引入的一系列创新，有助于建立更安全、更私密的数字生态系统，同时提供更多的控制权和安全性保障，以满足用户不断增长的网络安全和数据隐私保护需求。然而，尽管 Web3.0 的安全性创新已经取得了很大进展，但仍需继续付出努力来解决新兴威胁和挑战。

（四）元宇宙

元宇宙（Metaverse）是一个广义的概念，指的是一种由数字化增强的虚拟世界、现实和商业模式组成的范畴，旨在重新定义人们的工作、运营和互动方式。元宇宙通常被表示为一个虚拟环境，通过使用虚拟现实和增强现实的设备使其成为可能。其可以包括互相连接的沉浸式三维虚拟世界，作为大多数人在线体验的入口。它提供了社交、学习、游戏等功能，并可以涵盖传统的 2D 体验及与现实世界相互影响的体验。在未来主义和科幻小说中，元宇宙经常被描绘成一个假想的互联网，用户可以使用虚拟角色进行导航。

目前，元宇宙仍在不断发展，对于它的样貌和治理方式存在不同的观点。关于元宇宙是否应该开放、无信任和去中心化，或者是否可以由像大型科技公司元（Meta，原名 Facebook）这样的巨头来控制，存在着激烈的争论。

支持去中心化的人认为，去中心化的元宇宙可以避免控制权集中在少数实体手中。他们相信开放的协议、区块链技术和去中心化的治理模式可以确保元宇宙的透明度、互操作性及用户对数据和资产的控制权。这种方法旨在避免数据控制权被第三方机构所有带来的问题，并促进个人自治。

支持中心化的人认为，中心化监管或由大型科技公司负责监督其发展和运营可以提供更具凝聚力和更完善的体验。他们认为中心化的方法可以确保元宇宙的质量、安全性和一致性。此类观点强调用户体验和便利性的重要性，并主张实现服务和内容的无缝集成。

自元宇宙概念出现以来，便不断地与 Web3.0 进行对比。"元宇宙"侧重描述人与信息交互方式的升级。在"元宇宙"语境下，人与信息的交互倾向于沉浸式模式，相应的落地产业支撑是虚拟现实（VR）、增强现实（AR）、混合现实（MR）、人工智能（AI）等科技应用在视觉、触觉、嗅觉等感官链接方面的创新。Web3.0 侧重描述人与信息控制权关系的变化。在 Web1.0 和 Web2.0 语境下，用户的数字资产更多被掌握在中心化的平台公司手中，而在 Web3.0 语境下，用户自身则掌握了数字资产的控制权及其相关衍生权利。

作为互联网的下一代演进阶段，Web3.0 引入了去中心化、确权和去中心化自治组织等概念，为构建和实现元宇宙提供了技术基础。

去中心化身份验证。基于区块链技术和密码学方法提供了去中心化的身份验证机制。在元宇宙中，用户可以使用自己的去中心化身份验证来访问不同的虚拟世界和应用，而无须依赖中心化的身份验证机构。

数字资产确权和交易。Web3.0 通过区块链技术和智能合约，为元宇宙中的数字资产提供了唯一标识和控制权证明。NFT 允许在元宇宙中创建、拥有和交易独特的虚拟土地、虚拟物品、数字艺术品等。

去中心化应用程序部署。Web3.0 支持开发和部署去中心化应用程序，这些应用程序可以在元宇宙中提供各种功能和服务，如虚拟社交、游戏、教育、商业交易等。去中心化应用程序的去中心化性质确保了用户对数据和资产的控制权。

去中心化自治组织运营。Web3.0 的智能合约技术使创建和运营去中心化自治组织成为可能。在元宇宙中，去中心化自治组织可以用于共同决策、资金管理和社区治理等方面，实现用户参与和自治。

开放协议实施。Web3.0 倡导开放协议和互操作性，使不同的元宇宙世界和应用程序可以相互连接和交互。这样的开放性促进了元宇宙的发展和创新，同时允许用户跨不同平台和应用程序进行流畅的体验。

Web3.0 和元宇宙类似于互联网和数字世界。一个采用了数字技术、存在通信需求的数字世界，可能并不需要基于 TCP/IP 协议的互联网，而未来可能会有很多不同规模的元宇宙，也不一定都需要基于 Web3.0 来创建。

综上，区块链是一种技术系统，Web3.0 是一个网络框架，而元宇宙则是一个空间概念。由于我们对元宇宙这个遥远的空间概念寄予了太多美好的期望，使其更容易吸引来自产业界的关注和支持，但其大部分的功能在短期内难以实现。

第二节　典型特征：分布式可信协作空间

Web3.0 被广泛视为未来网络的主要演进方向，标志着从中心化的信息平台向去中心化的价值交换网络的转变。这一演进不仅改变了我们访问和交换信息的方式，还预示着对信任、经济、社会互动和数字身份的全新理解。在探索 Web3.0 的数字世界时，我们将重点关注四个典型特征：去中心化、机器信任、创作经济和数字原生。这些特征共同构成了 Web3.0 的核心，不仅代表了技术的进步，也体现了社会对用户数据控制权和互联网生态健康发展的关注。本节将深入探讨这些特征，揭示它们如何共同作用，为我们开启一个更加公平、开放和创新的数字未来。

一、去中心化

区块链作为 Web3.0 的基础技术，其去中心化特征对于 Web3.0 构造分布式可信协作网络发挥着尤为重要的作用。在互联网的发展初期，其诞生的主要目的是实现不同研究组织之间的数据分享过程，从而促进整体科学的进步。区别于以内容提供者为中心、缺乏网络交互的 Web1.0（见图 1-2 左），也不同于以共享平台为中心、提供集中式数据服务的 Web2.0（见图 1-2 中），Web3.0（见图 1-2 右）是所有用户共建、共治、共享价值的新型网络，核心功能就是构建一个以用户为主体的分布式网络生态，帮助用户脱离平台机构完成网络交互。

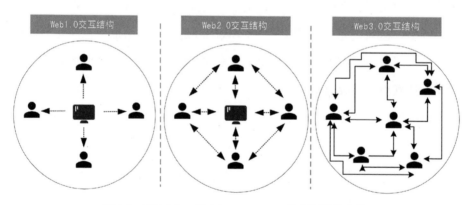

图 1-2　Web1.0—Web2.0—Web3.0 的交互结构变化

Web3.0 能够实现去中心化是由于其构建过程中采用了分布式网络和区块链技术。分布式网络使数据能够存储在多个节点中，而不再像 Web2.0 一样必须依赖某一个公司的中心数据平台。该结构不仅提高了整体系统的可靠性与灵活性，还在避免了单点故障的同时，减小了整体的数据传输压力。而区块链技术是 Web3.0 去中心化的关键推动者，它为分布式网络和应用程序提供了一个安全、透明和防篡改的基础。区块链是一种分布式账本技术，它使用加密哈希、共识算法和节点网络来创建一个不可变的、共享的交易和数据记录。通过消除对中间节点和中介的需求，区块链技术允许创建分散的应用程序、平台和数字资产，这些应用程序、平台和数字资产可以安全、高效地运行，而不需要依赖单一控制点。智能合约是运行在区块链上的自动执行协议，支持并促进分散的决策制定、治理和资源分配。因此，区块链技术使Web3.0 中不存在某一中心控制者来单方面掌控数据，天然地为其引入了去中心化特点。

此外，Web3.0 中所采用的同态加密、差分隐私、哈希算法等密码学技术对其去中心化起到了尤为重要的作用。利用密码学技术加密用户的数据，唯有密钥的拥有者才能够解密访问这些数据。因此，密码学技术保护了区块链公开环境下的用户隐私和敏感信息，防止数据被未经授权的访问者所利用。此外，哈希算法用于验证数据的完整性，在分布式存储环境下大幅降低了数据被篡改的风险。可以发现，密码学技术在 Web3.0 中扮演着重要的角色，通过应用密码学算法，实现了数据的加密、验证和保护，确保了数据的安全性、隐私性和真实性，为 Web3.0 的去中心化特性提供了坚实的基础。

Web3.0 的去中心化意味着能够使互联网环境从集中式服务器、数据中心和中介向分布式网络、点对点协议和以用户为中心的模型转变。去中心化催生了一个更加开放、透明和公平的数字生态系统，并减少了审查、停机、数据泄露和中心化的拒绝服务（Denial of Service，DoS）风险。通过授权用户和社区参与平台、应用程序及数字资产的开发和管理，分布式系统可以进一步提高创新和协作的能力。传统的中心化机构在交易中扮演着重要角色，其需要作为第三方机构来处理交易和协调各方之间的关系。然而，这些第三方机构往往带来了额外的成本、延迟和风险，并且可能存在信息不对称的问题。在 Web3.0 中，所有的交易与互动都不再依赖中心平台。这消除了对传统第三方机构的需求，极大降低了交易所需要花费的成本，提高了交易效率。并且基于不可篡改的分布式存储结构，也减少了其交易过程中所产生的信任。

二、机器信任

信任是维持社区秩序的基础，信任的缺失将会导致社区关系的破裂。在传统的 Web2.0 互联网环境下，由于缺乏身份层的设计，网络中的信任主要依靠中心化机构搭建网络安全管理设施来实现。然而，这种依赖中心化机构的信任模式存在着一系列问题。由于中心化机构容易成为攻击的目标，一旦中心化机构发生数据泄露，用户的隐私和数据安全就会受到威胁。并且，中心化机构需要用户提供大量的个人信息和数据，这可能导致个人隐私被滥用。此外，中心化机构还可能存在操纵数据、篡改信息和不公正行为的问题，从而破坏了网络的公正性和透明性。而 Web3.0 依靠分布式共识机制所创建的区块链技术，通过网络技术实现了全新的信用体系，成功地将人与人之间的信任转换为人与机器之间的信任。

信任是社会关系的产物，是指个体间在进行交互过程中所产生的对交互目标言语、承诺以及书面等内容的可行性的一种期望。在《三体》这部小说中，三体人的"思维透明"是一个关键的概念，它是指三体人使用脑电波交流，通信速度极快，个体之间没有隐私和秘密，这种思维透明的特性带来了信任的直接建立，因为他们不需要依赖猜测来理解对方的真实意图。而在现实人类世界中，信任则需要通过交互以及阅历来建立。为了降低建立信任的成本，人们开始通过建立契约、法规和制度来确保对方的言行一致，从而诞生了制度信任的概念。制度信任是以契约、法规和制度为基础的信任形式。它不依赖于人际关系和个人情感，而是依赖于正式的规章制度和法律。当事人必须按照规章制度和法律行事，否则会受到惩罚。制度信任建立在违法必罚的法律逻辑之上，人们对此形成了稳定的行为预期，从而产生对制度的信任。制度信任在现代社会中起主导作用，将人与制度的信任关系转化为人与人的信任关系。它是一种客观、普遍、抽象、确定和公共性的信任机制，以法律规范和审判制度为保障的信用体系。从历史的角度出发，制度信任极大地拓展了社会中人类的信任范围。即使是第一次接触的陌生人，也可以通过契约的方式来完成信任的建立。

图 1-3　人际信任、制度信任与机器信任的区别

机器信任则是制度信任的进一步延伸，具有更为广泛的信任范围，且具有自动化、自主性等特性（见图 1-3）。区块链信任基于节点间平等的分布式网络，参与者将共同参与交易的记账、验证过程。而其不可篡改的特性与公开数据保证了区块链的"透明"与"诚实"特性，为其机器信任建立基础。公有区块链更是提供了无门槛、自由进出、多方持有、多方维护的公共账本。其中，共识机制让每个参与者都拥有记账的权利，交易确认验证机制让每个节点成为审计人，使公有区块链实现了全球记账和审计功能，保障了记账的随机性、分散性和不可伪造性，交易确认验证机制保证了记账的合法性，使基于该方案的数据具有无条件特点。基于链上数据的合法性与真实性，人们可以自主地定制智能合约，作为自动化运行规则与条款，使其整体系统中的所有节点都能够在拜占庭环境①下自由且安全地执行交易。此时，区块链成为一种信任中介，将人与人之间的信任转换为人对机器的信任。因

①　拜占庭环境指的是一种分布式系统中存在故障节点，并可能产生对系统正确性有影响的情况。这个术语源于拜占庭将军问题，该问题描述了在一个分布式系统中，有一部分节点可能是恶意的或者出现故障，导致节点之间传递信息时可能出现不一致或错误的情况。

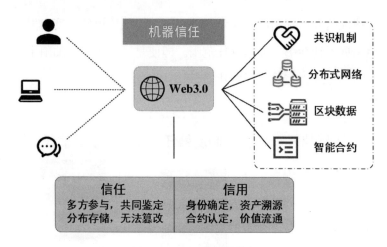

图 1-4   Web3.0 机器信任

此，区块链上所构建的信任也被称为机器信任（见图 1-4）。

通过区块链技术，Web3.0 将带有机器信任的特质。在 Web3.0 下，信任将打破区域限制，能够使两个完全陌生且居住在不同地区的个体在没有依赖任何特定机构或系统的信任基础上进行可信任的交互。并且，由于区块链具有拜占庭容错特性，非法、无效的欺骗性交易将无法通过区块链验证、审计，因此，Web3.0 将天然地抵御恶意攻击行为。

随着大数据、人工智能以及物联网与 Web3.0 的组合，Web3.0 的机器信任将发挥更为广泛的作用，涉及多个行业领域。

支付领域。Web3.0 的机器信任特性以及智能合约的机制，可以提供高可靠性和可追踪性的交易。通过在平权、分散的网络中进行独立的记账和验证过程，Web3.0 实现了金融机构间的无须对账，大大降低了对账成本，并显著提高了支付处理的速度。这有助于实现普惠金融，使更多人能够安全、快速地进行金融交易，不再受成本和地理位置限制。

物流领域。Web3.0 利用数字签名和公私钥加解密机制，能够确保信息安全和寄件人、收件人的隐私。Web3.0 机器信任下的数据不可篡改性和完整追溯性解决了物品溯源和防伪问题，有效保护了物流过程中的信息安全。

通过在公共账本上记录物流信息，任何参与者都可以独立验证和追溯货物的运输、存储和交接过程，提高了物流的可靠性和安全性，减少了信息不对称和欺诈行为。

文化娱乐领域。Web3.0 的机器信任特点将能够实现作品的唯一确权，证明其存在性、真实性和唯一性。这为互联网生态中知识产权侵权问题提供了解决方案。通过在 Web3.0 网络上记录作品的相关信息和交易记录，可以确保版权的可追溯和不可篡改性，保护创作者的权益。

智能制造领域。在智能制造网络中，不同的机器和设备可以通过机器信任机制进行实时的数据交换和共享。通过机器信任特征，智能制造企业能够建立起更紧密、可靠的合作关系，实现协同创新和资源整合，从而提高整体的生产效率和竞争优势。因此，Web3.0 的机器信任特征提供了更高的合作效率和质量保障，推动智能制造领域向着更加智能、高效和可信赖的方向发展。

慈善领域。Web3.0 机器信任的高可靠性和不可篡改性使其成为实施"互联网＋公益"和"指尖公益"等项目的理想选择。机器信任的高可靠性确保了公益项目信息的安全性和完整性。在 Web3.0 机器信任网络上，公益项目的信息被加密和分布式存储，避免了数据被篡改或丢失的风险。机器信任为公益事业的发展和推进注入了新的活力，促进了社会公益事业的可持续发展。

综上所述，Web3.0 的机器信任特征在支付、物流、文化娱乐、智能制造和慈善等领域创造了诸多便利，拓宽了信任范围，降低了信任建立所需要的成本，使人类信任更为客观化，推动了更加开放、高效和可信赖的社会发展与全球一体化协作体系的构建。

三、创作经济

2007 年美国的视频分享平台油管（YouTube）率先推出了与创作者分享

广告收入的模式，创作者可以从他们的推文中获得广告收入，开创了创作经济的经典范例，即基于流量曝光次数的收入模式。随着社交媒体的兴盛，创作经济也逐渐多元化，收入来源从广告扩展至付费订阅、虚拟货币、品牌合作等。在这一时期，创作工具和平台如雨后春笋般涌现，如视频编辑软件、博客、社交媒体等，这些工具的技能要求门槛低，创作者能够通过使用这些工具更加轻松、高效地创建、发布和管理图片、音频、视频等内容。并且创作者与受众群体之间的互动大幅增加，其受众者能够评论、点赞、分享创作者的内容。但这一时期也存在较为明显和严重的不平衡问题，即虽然用户能独立创建内容，但这些内容都被集中存储在中心化平台中，创作者几乎没有这些内容的控制权，即创作者创作内容的发布、推广都依赖于这些平台，自然带来了创作者与平台收入不平衡的问题，毫无疑问这会打击创作者的创作自由与积极性。在这些创作者中，只有少量创作者能够获得较为丰厚的收益。例如，在著名的音乐流媒体平台Spotify①上，大约占该平台1.4%的艺术家获得了90%的版税，平均每季度的收入为22395美元，而剩下98.6%的艺术家，平均每季度的收入仅为36美元。

在Web3.0时代，创作经济将发生较大的转变。通过区块链技术的引入，保证了内容的公开透明及不可篡改性，创作者的权益得到了有力的保护。智能合约将能够实现自动化的交易执行和权益分配，确保创作者获得公平的报酬，减少争议，同时也大大提高了交易的效率。内容创作者能够独立地创建、发布和管理其内容，减少对中心化平台的依赖，使内容的控制权完全掌握在创作者手中。Web3.0能够对侵权、盗用等行为进行检测，更好地保护创作者的知识产权，也使用户收益更加合理、公平，同时Web3.0能够对创作内容进行筛查，提高创作者质量。更加智能的推荐算法将用于内容的推广，提高受众参与度，为创作者带来更大的分红。NFT技术允许创作者将

---

　① Spotify，官方尚未确定正式的中文名字，来自民间的中文译名有"声田"和"声破天"。2008年10月在瑞典首都斯德哥尔摩正式上线，提供免费和付费两种服务。

其数字作品作为独一无二的数字资产进行售卖，确保其作品的唯一性和原创性，这为创作者提供了全新的收入来源。

Web3.0内容创作为用户提供了一个去中心化自治组织的快速创建方式。Web3.0创作者拥有内容所有权，通过创作内容通证化发行，构建安全可信的创作内容确权和内容创作收益分配模式，支撑高质量内容创作，并形成良性螺旋增长创作应用生态。Web3.0重新定义了内容创作方式，对解决传统内容创作中创作者对第三方平台的严重依赖、创作者收益有限、创作质量低下等问题有重要意义，成为所有权经济的最佳实践。

四、数字原生

数字原生是一个基于区块链技术，提供数字藏品铸造、推广和交易的合规服务平台，旨在将先进的数字技术能力与企业的经营架构融合在一起，以实现数字化转型和创新发展。它涉及技术架构、组织文化、业务流程等多个方面的变革和转型，以构建一个灵活、高效、创新的数字化企业，提升企业的竞争力和适应能力。

数字原生强调分布式架构。传统的中心化架构将数据和计算资源集中在一个地方，而数字原生通过利用互联网和云计算技术，将数据和计算分散在不同的节点和服务器上。这种分布式架构具有高可靠性、弹性和可扩展性，能够降低系统的单点故障风险，并支持大规模的数据处理和存储。同时，分布式架构还为企业带来了更高的灵活性和可靠性，使其能够更好地适应不断变化的市场和业务需求。这一点与区块链技术的去中心化特性高度契合。

数字原生注重高敏捷性。数字原生采用敏捷开发和迭代式工作方法，强调快速响应市场变化和用户需求，快速推出新产品和服务，并持续进行改进和优化。敏捷性使企业能够更快地适应变化，更灵活地调整战略和运营，从而更好地满足客户需求，抢占市场。

数字原生追求可再生性。数字原生鼓励企业在设计和建设数字化系统时考虑可扩展性和可重复使用性，以便在需求增长时能够轻松扩展，同时降低系统维护和更新的成本。可再生性使企业能够更好地应对业务的增长和变化，降低技术债务，提高系统的可持续性和可靠性。

数字原生的实施对企业来说是一项挑战，但也是一个机遇。它要求企业进行全面的转型和变革，涉及技术、组织和文化层面。企业需要全面理解和应用数字化技术，培养数字化思维和能力，并打破传统的组织和流程限制。同时，数字原生能够创造新的商业模式、开拓新市场，并提升企业的竞争力和创新能力。

传统的数字原生，其价值体系依附传统经济框架下的存量经济，但这也导致数字经济发展活力受限。而 Web3.0 是一股正在重塑数字原生经济的变革力量。通过利用去中心化的技术，产生了新的经济模式，并促进创新与合作。它为内嵌价值体系自循环的数字原生创造条件，将经济活动扩展至虚拟世界，衍生出以数字藏品为代表的数字原生应用场景。各方通过在区块链上建立身份、社区、组织、商品、法律等基本社会要素，形成一套完整的"数字原生社会"运作机理。用户可以在"数字原生社会"中"组织生产—消费—扩大再生产"，形成一套"数字原生经济"体系。NFT 的出现为数字原生社会带来数字原生商品，使数字原生社会的生产和消费形成价值闭环，利用"数字艺术创作 +NFT"技术为网络注入新型数字原生资产，例如典型热门项目无聊猿游艇俱乐部（Bored Ape Yacht Club，BAYC）、加密朋克（CryptoPunks）等。

同时 Web3.0 为数据要素流通赋予了可信身份管理和资产化表达的能力，有助于实现数据确权、数据交易和数据流转，能够开辟更多的数字原生应用场景，促进实体经济与数字经济融合发展。一方面，Web3.0 应用可以是对我们所生活的物理世界和网络应用进行升级和改造，例如游戏、文化、社交等领域都在探索具有创新性特征的 Web3.0 应用场景。另一方面，在元宇宙、加密金融资产等领域中也不断涌现出以数据为生产要素，依托数据的流通和价值发挥所形成的新型应用模式和经济模型。

在这个新型经济模型中，数字原生经济参与者可以直接参与经济活动，无须依赖中介机构或第三方平台。他们可以通过智能合约和去中心化交易所进行交易和合作，确保交易的安全性和可信度。同时，区块链技术记录了所有交易和数据的不可篡改的历史，提供了更高的透明度和可追溯性。

数字原生经济模型的优势还在于它能够为各行业提供更多的创新机会和发展空间。通过将传统行业和数字技术相结合，数字原生经济模型能够推动新的商业模式和价值链的形成。它能够促进数字化转型，提高效率和降低成本。例如，在制造业中，数字原生经济模型可以实现供应链的透明化和协同，提高生产效率和加强质量管理。在金融领域，数字原生经济模型可以推动去中心化金融和加密资产的发展，为用户提供更多的金融自由和机会。通过数字技术和数据的整合，人们可以更好地分析和理解经济现象，发现潜在的机会和挑战。数字原生经济模型还可以为决策者提供更准确的信息和指导，帮助他们作出更明智的决策。

综上所述，数字原生作为 Web3.0 中的一大特征，为用户提供更安全、透明、可编程的数字化体验，有助于创造一个经济可自循环的市场，推动各行业向数字原生空间转型，这为经济的高质量发展带来了新的机遇和挑战。

第三节　经济空间：拓展经济增长新空间

Web3.0 正引领着数字时代的潮流，为经济注入了全新的活力和可能性。在这一浪潮中，我们目睹着经济空间的巨大拓展，为传统经济体系带来了全新的机遇与挑战。接下来本节将首先展望 Web3.0 所催生的新经济格局，揭示未来发展中使用权市场的潜力。其次深入研究数字资产的崛起，解析其在经济生态中的独特地位与影响。最后聚焦于 Web3.0 如何赋能实体经济，为传统产业赋予数字化的力量，推动经济增长迈向崭新的高度。随着对这三个方面的深入探讨，我们将能够更加全面地理解 Web3.0 对经济领域的深远影响。

一、展望 Web3.0 新经济

（一）Web3.0 新经济概念

过去，创作者的收入主要来自平台激励和广告分成，其作品也都依附于平台而存在，权属问题的最终解释权归平台所有。

在 Web1.0 时代，互联网以媒体为主，诞生了大量的提供信息的门户网站，用户可以从网上单向获取内容，但这些内容多数是"只读"模式，典型营利模式是"免费 + 广告"；Web2.0 时代以即时通信、社交媒体、电子商务等交互性应用为代表，互联网平台成为中心；而在 Web3.0 时代，基于区块链和去中心化技术的新经济模式和理念，旨在构建一个开放、透明、去中心化的价值互联网。相比传统的中心化互联网经济，Web3.0 新经济强调数据可信、数据确权和价值互联。创作者的作品可以通过区块链在去中心化的平台上进行确权，一切作品的归属都由创作者自己决定，同时创作者可以用通证替代作为回报。一切价值皆可被数字化，并在 Web3.0 价值网络中高效、智能化地组合、转化、流转和分配。

Web3.0 和区块链技术推动下的新型经济已初现端倪。在这个趋势中，创作者拥有了更大的自主权，可以选择接受通证而非传统法定货币作为作品的支付手段。这一变革赋予了创作者更多自由，防范了企业或广告商对其权益的潜在剥削。通过通证经济，创作者获得了更强烈的激励，愿意创作更多内容并积极与受众互动。这种新创作者经济与加密通证的结合重新定义了创作者对其贡献的认可和回报方式，构建了一个更为去中心化和用户自主赋权的内容创作生态系统。

基于区块链的新创作者经济对创作者和消费者来说是双赢的：创作者因其工作而得到奖励，消费者可以以更低的价格购买产品，并获得更多种类的产品。更多人的创造力被激发，从而促进社会经济的发展。

（二）使用权市场

使用权指的是对数字资产或去中心化应用的访问和使用权限。在Web3.0 中，使用权是通过持有相应的加密通证来获得的。这些通证可以是对特定资产、功能或服务的访问权。持有通证的用户可以使用特定的去中心化应用、获取特定的服务或享受某种权益。使用权的赋予通常基于智能合约和区块链技术的编程逻辑和规则。

使用权的重要性主要体现在数字资产与服务上。传统的实体产品在同一时刻一般只能由同一个主体使用，并且在使用过程中难免会存在消耗、磨损等情况，使用寿命会受到限制。数字资产和服务可以在同一时刻由多个人共同使用，并且大多数数字产品和服务不存在损耗等情况。数字资产和服务存在固定成本高、边际成本低，以及非竞争性使用等特点。

从供给侧看，数字产品和服务确实具有明显的规模经济效应。一旦一件数字产品或一项服务开发完成，无论是被一个人还是多人使用，总成本并不会有显著差异。这意味着生产者可以通过大规模的用户基础来平摊成本，从而降低平均成本，实现规模经济效应。

从需求侧看，网络效应可以为数字产品和服务带来巨大的经济和社会价值。当多个人使用同一个数字产品或服务时，网络效应会产生协同效应，使产品和服务的价值呈现指数级增长。凯文·凯利在 20 多年前提出的"传真机效应"很好地说明了这一点。消费者购买一台传真机的成本为 200 美元，但当他加入一个由多台传真机组成的传真机网络时，便可以与其他人互发传真，享受到的网络价值将会远远超过他购买传真机的成本。因此，购买传真机实际上代表了获得传真机网络的使用权。

使用权和所有权属于产权的不同维度，两者有着鲜明的区别。所有权具有独占性，不可无限细分。在所有权制度下，公司经营的目标是股东利益最大化，这便是股东资本主义。而使用权具有共享性，可以多次授予并相互增益。对于很多数字产品和服务，其使用权在理论上可以无限次循环授予，使用权扩大化的路径就是开源、开放和无须许可。

二、Web3.0 中的数字资产

（一）何为 Web3.0 数字资产

Web3.0 数字资产是指在 Web3.0 新经济环境下产生和流通的一类数字化资产。与传统的实物资产和中心化电子资产不同，Web3.0 数字资产基于区块链技术和智能合约，具有去中心化、透明、可编程和不可篡改等特点。这些数字资产在 Web3.0 生态系统中扮演着重要的角色，促进了新的经济模式和创新。

（二）数字资产所有权

在 Web3.0 中，基于区块链的数字资产，从技术层面上来说，本质上都是通证化的资产。但持有通证不等于拥有资产所有权。许多人会习惯性地将持有通证等价为获得资产的所有权。如持有某个项目的治理通证，就好像获得了对该项目的所有权；持有某个链游的非同质化通证，就好像获得了对该游戏装备的所有权。然而通证并不完全等价于资产，很多时候通证就如同"票"的概念，只是一种可被用来承载各类不同资产的通用媒介。通证的具体权利和义务决定了它所代表的资产类别。

因此，附着在通证上的各种具体权利，才是决定其成为哪类资产的核心要素。目前市场上对持有通证等同于拥有某种资产所有权的说法存在一定的误导性。实际上，一个通证的价值不仅仅取决于手中的纸质或数字形式，更取决于其所承载的具体权益。在现实生活中，一张演唱会门票的价值并不在于票本身的外观，而是取决于主办方承诺在未来提供演出；一张银行存单的价值也不在于存单本身，而是源于银行在一定时间后偿还本金和利息的义务。如果主办方不按照当时订立的契约履行交付演出或兑付资金的承诺，其所在的司法体系就会让其付出更加高昂的代价。这其实才是绝大多数权利之所以能够存在并被行使的原因，即权益受到侵害时，能够有相应的权力机构来为被侵犯人提供救济服务。单方面宣布或定义权益并不足以使其真正存在。所有没有救济措施的权利，本质上都是"一纸空文"，也必然不会受到他人的尊重和信任。因此，如果没有有效的保护措施来维护与资产相关的权益，就很难说用户真正拥有该资产。

（三）数字资产拓展经济空间

Web3.0 的经济空间是指以数字资产为媒介、以分布式应用为形式的用户自主设计和数据之间开展的多种经济活动的集合。数字资产作为 Web3.0 经济空间的基本单位，通过数字通证的形式在网络中发行和流通。这些数字资产通过区块链技术和智能合约的支持，实现了可信、安全和去中心化的交易和转移。数字资产的发行和流通构成了 Web3.0 经济空间的基础，为经济活动提供了价值的载体和交换的媒介。

数字资产的增值和优化对 Web3.0 经济空间的发展起着重要作用。通过不断提升数字资产的使用价值、功能和性能，可以吸引更多的参与者加入 Web3.0 经济，并促进经济活动的繁荣和创新。例如，在 NFT 领域，不同类型的数字资产代表着数字艺术品、虚拟地产、游戏道具等，其独特性和稀缺性赋予了这些资产更高的价值，并为数字创作者和用户创造了新的商业机会。数字资产的交易情绪和市场行为也会对 Web3.0 经济空间产生影响。数字资产市场的波动和投资者的情绪会影响资产价格的变动和市场参与者的行为，从而对整个 Web3.0 经济体的发展趋势产生影响。交易情绪的扩散和市场波动可能会引发更多的交易活动和投资行为，从而进一步推动 Web3.0 经济空间的繁荣和发展。数字资产支付服务商成为个人用户连接物理世界经济空间和 Web3.0 经济空间的通道。个人用户通过数字资产服务商将现实世界中的资产兑换成为 Web3.0 经济空间中的数字资产，并在 Web3.0 应用的新型协议中流通，成为 Web3.0 服务的使用者和贡献者。基于加密货币、数字藏品、虚拟土地等数字资产提供的去中心化金融服务，更是成为 Web3.0 经济空间中价值流通与价值兑现的催化剂。

Web3.0 数字资产的引入带来了许多创新和机遇。它打破了传统资产的物理限制，使数字资产可以全球流通，提供了更广阔的市场和更多的参与者。智能合约技术赋予了数字资产更多的功能和自动化特性，例如自动分红、程序化交易等，增加了资产的灵活性和效率。此外，数字资产的不可篡改性和透明性保证了交易的公正性和安全性，降低了信任成本。同时，Web3.0 数字资产也面临一些挑战和风险：市场的波动性和不确定性可能导致资产价值的剧烈变化，需要投资者具备风险管理和投资意识；安全性和隐私保护是关键问题，由于区块链上交易的公开性，需要采取措施确保资产和个人信息的安全；监管和合规性也是一个重要议题，政策制定者需要对数字资产市场进行监管和规范，以保护投资者利益和维护市场稳定。

综上，数字资产作为 Web3.0 新经济的核心组成部分，为数字化时代带来了全新的经济模式和创新机遇。它们在通证和非同质化通证等形式上代表着各种价值，促进了去中心化、透明和可编程的经济交互。然而，随着这一领域的不断发展，我们也需要认识和应对相关的风险和挑战，以实现Web3.0 数字资产的可持续发展。

三、Web3.0 赋能实体经济

当前，以数字化货币为首的数字资产项目，大多数是以虚拟经济为基础的。若这些数字资产项目无法赋能实体经济，那它的发展将会存在很多问题。因此，"脱虚向实"刻不容缓。"脱虚向实"这一趋势，可以说是很多区块链从业者的"信仰"，因为区块链技术的应用与实体经济的发展密不可分。我们常说的"期待技术落地"，从根本上来讲，就是要赋能实体经济，创造技术价值，并将技术所带来的创新和益处传达给实体经济的不同层面和参与者。随着 Web3.0 的催化，区块链技术将从非同质化通证（NFT）"避实就虚"的上半场进入非同质化权益（Non-Fungible Reality，NFR）"虚实融合"的下半场，数字资产、数字品牌等将日益成熟，并形成巨大规模效应，推动实体经济的发展和传统品牌的升级。

（一）改善实体经济中的信任和透明度问题

区块链技术作为 Web3.0 的核心技术之一，具备去中心化、不可篡改和透明的特点，可以建立起可信的数据和交易记录。在供应链管理中，区块链可以实现对产品原材料和生产过程的全程追溯，确保产品的质量和可信度。在金融领域，区块链可以提供透明的交易记录和智能合约，减少中介环节，降低交易成本，增强市场的公平性和透明度。

（二）促进实体经济中的价值流通和共享

通过数字化和加密技术，Web3.0 可以实现资产的数字化和交易化，为实体经济带来更多的流动性和灵活性。通过发行通证，实体经济中的资产和权益可以以更精细和可分割的方式进行流通和交换，为资产所有者提供更多的增值和变现机会。此外，Web3.0 还可以通过智能合约和去中心化金融协议，实现资产的去中介化和自动化管理，提高资产配置的效率和灵活性。

（三）推动实体经济中的创新和协作

在 Web3.0 的网络中，任何人都可以通过构建去中心化应用程序和智能合约实现创新的应用和服务。这为实体经济中的企业和创业者提供了更广阔的创新空间和市场机会。通过智能合约和去中心化自治组织，实体经济中的各方可以实现更高效的协作和共同决策，促进资源共享和利益共享。

（四）提供更广泛的金融和投资机会

通过去中心化金融（Decentralized Finance，DeFi）和加密货币市场，实体经济中的个人和机构可以参与更多的金融活动和投资机会，享受更广泛的金融服务和产品。同时，Web3.0还可以通过去中心化交易所和资产管理平台，提供更安全、高效和透明的资产交易和管理环境，为投资者和资产所有者提供更好的权益保护和资产增值机会。

当前，针对如何通过NFT等元宇宙的场景实现为线下经济实体的赋能，已经有了诸多讨论。例如，在数字文创领域，可以探讨的方向之一是如何将线下场景中所涉及的门票、提货券、优惠券等传统权益进行"NFT"赋能。以提货券为例，传统线下经济中，提货券通常被定为一次性兑付特定商品或服务的"提货凭证"，倘若通过创作使传统行业的提货券同时成为承载了优质知识产权的作品进而在交易平台进行发放，一方面，实现了传统提货券的"数字文创化"，在某种程度上是用一种创新的形式起到了品牌宣传的作用；另一方面，在延续提货券所具备的"提货"功能的同时，依靠数字化技术，还可对数字文创作品形式的提货券所对应的权益进行实时变动，如实现多次提货或者其他优惠功能等。

在赋能线下实体经济的同时，依然需要特别注意金融领域的相关风险。例如，倘若上述数字文创类提货券属于"消费者先行充值特定金额、后续多次消费不特定商品或服务的现金或充值类卡券"，则很有可能涉及"单用途预付卡"，发放该等数字文创类提货券的企业需要完成相应的备案手续；倘若上述数字文创类提货券可以在交易平台内的多个商家使用，则很有可能涉及"多用途预付卡"，发放该等数字文创类提货券的企业需要取得相应的《支付业务许可证》。再如，倘若允许二级市场C2C（Customer-to-Customer）的流转，则需要确保在流转过程中，该等数字文创类提货券所对应的权益确实具备相应的实体经济项下的价值，相关交易也均基于其本身实际的价值开展，避免过度炒作。对于这种新兴业务模式，目前仍处于起步阶段。

总的来说，Web3.0 具有赋能实体经济的巨大潜力，我们可以期待实体经济的进一步发展和转型，从而创造更加繁荣和包容的经济生态系统。

第二章

Web3.0 体系架构

Web3.0 旨在建立一个去中心化、可信任、开放和安全的互联网生态系统，为用户提供更多的数字权利和隐私保护。当前 Web3.0 已初步形成四层技术架构，包括设施层、基础层、扩展层、应用层，同时在数字身份标识化和数字对象资产化相互作用下，建立起支撑实体经济与数字经济融合发展的新体系。本章将深入探讨 Web3.0 体系架构，分析它的核心特征、组成部分以及对我们数字生活的深刻影响。具体来看，第一节将介绍 Web3.0 技术架构；第二节将重点分析 Web3.0 的核心能力。

第一节　技术架构

Web3.0 的技术架构可以概况为四个层次，即设施层、基础层、扩展层和应用层。设施层为 Web3.0 提供了底层的基础设施，通过改变计算、存储和通信的方式来推动网络架构的发展，使其更加安全、灵活和可扩展。基础层是建立在设施层之上的层次，其主要目标是提高基础设施的性能和服务范围，推动互联网信任和价值体系的发展，并提供无须信任的网络操作系统。扩展层是为了增强基础层的扩展能力而设立的，采用分片技术、侧链、状态通道和轻客户端等各种技术方案，以提高网络的处理速度和吞吐量，促进 Web3.0 的交互效率。应用层是用户直接接触和使用 Web3.0 的层次，用户可通过数字钱包进入应用层，连接金融、社交、媒体和游戏等各个领域的应用程序。应用层需通过不断创新应用模式，为用户提供更好的体验和更丰富的功能（见图 2-1）。

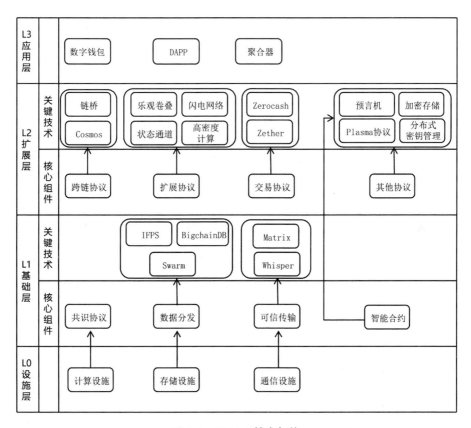

图 2-1　Web3.0 技术架构

整体而言，Web3.0 的技术架构致力于构建一个去中心化、安全和可持续发展的互联网生态系统，推动实体经济和数字经济的融合发展。接下来，本书将重点描述设施层、基础层、扩展层与应用层的核心组件与关键技术。

一、设施层：网络形态构建

设施层是由具有广泛接入能力、公共服务能力、可灵活部署的公共链网，及连接这些区块链网的跨链系统组成的网络服务设施。狭义的设施层是由遵循预定义共识机制①的若干节点构成的分布式信任平台；广义的设施层是面向数据这一新型生产要素，支持合规高效的数据要素流通和交易等市场化配置，从而推动构建大规模的可信协作网络。可以说，设施层是区块链体系架构所有具体技术的抽象表示。区块链基础设施正迎来多元化发展，其发展趋势具有以下特点。

（一）区块链基础设施接入方式多样化

门户网站为广大初级用户提供了解区块链资讯的渠道，同时可搭建区块链基础设施的信息集成入口：（1）应用程序编程接口（API）因其提供程序调用的便利，成为众多资深用户及系统开发者构建去中心化应用的主要选择。（2）数字钱包逐渐脱离加密货币交易的单一功能属性，出现浏览器插件、手机 APP、硬件钱包等多种形态，正逐渐成为区块链基础设施的统一数字身份入口和一部分应用入口。（3）区块链浏览器以其防止网络跟踪、避免恶意广告投放等特性迅速发展，被多数区块链基础设施的建设者和运行者作为重要的信息查询入口。（4）数据网关通过融合多种通信协议，提供安全可信的数据缓存、计算、处理能力，成为区块链基础设施与企业信息化系统、实时数据采集设备以及其他网络数据源的连接器，未来有望成为区块链基础设施的数据连接入口。

（二）区块链基础设施部署模式简易化

本地部署节点带来的成本问题让众多开发者望而却步，在一定程度上

---

① 预定义共识机制，一种在分布式网络中达到数据一致性的解决方案。

限制了区块链应用发展和生态建设。因此，简易化的节点部署方式受到社群的高度关注。目前，区块链基础设施部署模式主要分为集中托管和离散接入两种方式，均能够让开发者借助一系列通用功能组件和实用工具解决应用层问题，从而屏蔽底层搭建应用的复杂度，快速搭建区块链应用。集中托管方式占比较高，如以太坊有超过 63% 的用户是通过统一的区块链开发平台 Infura 实现接入。该方式可以有效保障区块链节点运行的稳定性及可扩展性，通过提供 API 节点集群，让普通开发者无须在本地记录全节点，就可快速接入区块链系统。离散接入方式则是为不同底层服务供应商制定接入标准，并进行节点部署审核，帮助企业及开发者借助标准化的接口快速连接到不同区块链所对应的服务器，最终完成开发工作。因其统一的配置、统一的接口等标准化优势，逐渐得到众多服务厂商和用户的认可。

（三）区块链基础设施跨链系统模块化

跨链系统建设主要采用中心化或多重签名的公证人、侧链/中继、哈希锁、分布式私钥控制四种技术方案，特别是中继技术已经逐渐发展成为最典型的跨链实现机制。随着跨链从技术研究走向产品化，并结合多链方案开展建设应用实践，逐渐形成了快速接入、平台接入、服务枢纽三种常用的服务模式。（1）快速接入模式通过构建三层跨链互操作架构（接入层、业务逻辑层、区块链层），基于可拆分、可流转的数字凭证，推动产业链企业开展合约化协同场景的跨域合作，提高跨链互操作效率。（2）平台接入模式借助侧链方案，将业务平台与区块链系统作为整体，通过跨链方式将平台交易信息存证到链上，进行业务数据锚定，充分发挥基础设施提升业务数据可信度的作用。（3）服务枢纽模式基于可信跨链服务网关构建基础设施，可针对不同类型的链上业务参与方，以最小改动原则进行技术适配，满足各条异构链之间信息及资产跨链需求。

二、基础层：开放自治网络

基础层是 Web3.0 技术架构中的一个重要组成部分，包括共识协议、数据分发协议和可信传输协议。这些协议相互作用，形成一个可信的协作网络。

共识协议是基础层的核心，它为多方参与者提供了安全可信的验证机制。在复杂的网络环境中，共识协议确保决策的一致性，它是一种算法，用于建立多方参与主体之间的全新协作关系。目前，共识协议主要分为两种类型：工作量证明（Proof of Work，PoW）和权益证明（Proof of Stake，PoS）。随着人们对环境影响的关注，越来越多的项目选择采用权益证明协议，以在高效性和安全性之间取得平衡。例如，以太坊在 2022 年 9 月切换到了权益证明协议，预计将减少 99% 以上的碳排放量。

数据分发协议是基础层中的另一个重要组成部分，在共识协议确保数据的验证去中心化的前提下，数据分发协议是数据本体的传输基础。它通过细化数据传输的颗粒度，支持并行和灵活的数据通信模式。数据分发协议关注如何实现去中心化的信息分发机制，以实现灵活、高效和可扩展的数据传输。Web 2.0 平台通常将自己作为信息分发的中心，通过算法向不同的用户推送不同的内容。相比之下，Web3.0 利用分布式哈希表（Distributed Hash Table，DHT）和基于 Kademlia 算法[①] 的分布式对等网络传输技术，通过就近节点快速筛选资源，并实现高速并行传输和验证数据块的功能。例如，Web3.0 中的分布式存储项目星际文件系统（IPFS）拥有超过 8000 万个分发链路，支持 855TB 数据的分发。

可信传输协议是基础层的另一个关键要素，依托于数据分发协议，可信传输协议确保了前者的安全可信。它主要关注通信传输中的来源可信性、

---

① Kademlia 算法，一种基于分布式哈希表的网络通信算法。

身份真实性和数据私密性。可信传输协议定义了在数据传输过程中，通信双方为确保通信连接的安全和可信性，需要遵守的身份认证、数据格式和交互规则。传统的安全套接字协议（Secure Socket Layer，SSL）和安全传输层协议（Transport Layer Security，TLS）依赖于公钥基础设施和安全证书验证管理，存在证书伪造和密钥窃取等技术漏洞和安全风险。为了防止传输协议漏洞导致的经济损失，Web3.0 采用分布式公钥基础设施（Decentralized Public Key Infrastructure，DPKI）和面向数字对象的端到端加密通信。通过对通信方身份的可信认证和传输内容的加密验证，可信传输协议可以有效确保通信来源的可信性、身份的真实性和通信数据的私密性。

综上所述，基础层的共识协议、数据分发协议和可信传输协议共同构建了 Web3.0 架构中的可信协作网络。它们为 Web3.0 的上层提供了安全、高效和可靠的基础，为各种创新的应用场景和业务模式的实现打下了坚实的基础。

Web3.0 基础层的主要技术包括共识机制、分布式账本、智能合约和分布式数据存储技术，下面将从这四方面技术进行介绍。

（一）共识机制

在 20 世纪 80 年代和 90 年代，随着计算机和网络的普及，人们开始创建共享数据库，以便多个用户可以访问其中存储的信息。大多数数据库是集中式的，用户通过不同的终端访问具有权限控制的中央数据库。随着时间的推移，这种设置发展成为由管理员管理用户权限并维护数据完整性的集中式网络。

这些共享数据库后来被称为分布式账本，因为它们记录了信息，并通过网络连接使许多位于不同地点的用户能够访问。这就涉及一个重要的问题，即如何防止数据被篡改和未经授权的访问，无论是出于恶意目的还是其他原因。因此，需要一种自动化分布式数据库管理的方法来确保数据不被改变。计算机和数据科学家开发了程序，减少了对数据进行审计的需求。这些程序使用自动化和数据加密技术来验证数据库事务或数据库状态的更改。这被称为共识——自动化多数同意事务的有效性，其中事务只是对数据库状态的更改。

共识机制是区块链系统中用于实现分布式账本状态的数据一致性的机制。一般来说，它在一个拥有许多进程和用户的网络中被实施。加密货币、区块链和分布式账本从共识机制的使用中受益，因为共识机制取代了较慢的人工验证和审计过程。共识机制的选择和设计对于分布式账本的运作至关重要。不同的共识机制具有不同的特点和适用场景。

例如，比特币区块链使用一种工作量证明机制，该机制用计算能力来解决一个被称为哈希的加密难题。当一个矿工（或一组共同工作的矿工）解决了哈希之后，比特币的工作量证明要求网络上的每个节点通过检查来验证已经发生改变的数据，如数据结构、区块头哈希、区块时间戳、区块大小、初始交易等，然后完成一个长的交易验证清单。这个验证过程所需的时间比解决哈希（也称为挖矿）的过程要少得多，并且比人工验证的时间消耗少了几个数量级。

这种需求推动了分布式自治共识的诞生，即网络上的程序通过使用密码学技术就数据库的状态达成一致。这种共识是通过使用加密算法生成一长串字母数字字符（被称为"哈希"）来实现的，然后由运行在网络上的程序进行验证。只有在输入到哈希算法中的信息发生变化时，哈希值才会改变，因此这些程序被设计成比较哈希值以确保它们匹配。

当运行在网络上的每个程序都创建了匹配的字母数字字符串时，就可以说数据已经通过网络的共识，达成了一致。因此，共识机制应运而生，通常将其归功于比特币的匿名创始人中本聪。事实上，在中本聪发布《比特币白皮书》之前，一些计算机和数据科学家已经在共识机制上进行了多年的研究和探索，如莫尼·诺尔（Moni Naor）、辛西娅·德沃克（Cynthia

Dwork）、亚当·贝克（Adam Beck）、尼克·萨博（Nick Szabo）等。

工作量证明是最流行的加密货币（如比特币和莱特币）网络使用的一种常见共识算法。它要求参与节点证明他们完成并提交的工作，使他们有资格获得将新交易添加到区块链的权利。然而，比特币的挖矿机制需要高能耗和较长的处理时间。

权益证明是前文提到的另一种常见的共识算法，目前是以太坊的共识算法，它作为一种低成本、低能耗的替代方案逐渐发展起来。它按照参与节点持有的虚拟通证数量来分配维护公共账本的责任。然而，这种机制的缺点是它鼓励节点囤积通证而不是进行消费。

尽管工作量证明和权益证明在区块链领域中占据主导地位，但还有其他共识算法，例如，容量证明（Proof of Capacity，PoC）允许参与节点在区块链网络上共享内存空间，节点拥有的内存或硬盘空间越多，被授予维护公共账本的权益就越多。活动证明（Proof of Activity，PoA）是一种混合型的共识机制，它结合了工作量证明和权益证明的特点。燃烧证明（Proof of Burn，PoB）要求交易参与者将小额加密货币发送到无法访问的钱包地址，实际上就是将其"烧毁"并消除。

这些共识机制算法各有优劣，选择适合特定应用场景的共识机制对于构建安全、高效的分布式账本系统至关重要。

（二）分布式账本

分布式账本技术是一种技术基础设施和协议（见图 2-2），它允许用户在网络化数据库中进行同时访问、验证和记录更新。分布式账本技术是构建区块链的技术基础，这种基础设施可以让用户查看任何变更及变更的发起者，减少了对数据的审计需求，确保了数据可靠性，并且只为需要访问的人提供权限。换句话说，分布式账本技术让多个参与者能够在一个分布式网络上进行协作，共同管理和维护数据库的准确性和一致性。这种技术在金融、

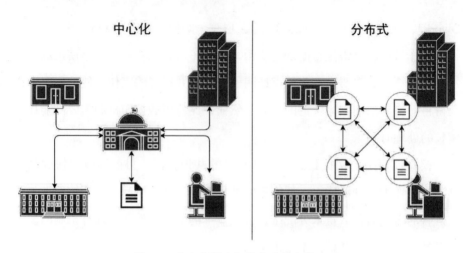

图 2-2　中心化账本与分布式账本的区别

供应链管理和其他领域中具有广泛的应用，为数据的安全性和可信度提供了新的解决方案。

分布式账本依赖于分布式计算技术，然而分布式计算技术并不是一个新概念，实际上，近几十年来，政府和企业一直在使用这个概念。在20世纪90年代，多台计算机和用户可以并行解决问题，并将解决方案返回到一个中央设备进行聚合。同时要注意的是，分布式账本的概念也并不新鲜。长期以来，使用分布式账本技术的组织一直在多个位置收集和存储数据，无论是在纸上还是在孤立的软件中，只是定期将数据集中在一个中心化的数据库中。例如，一家公司的各个部门都可能持有不同的数据，只有在需要时，部门才会将该数据提供给中心化分类账。同样，多个一起工作的组织通常持有自己的数据，并仅在请求或需要时将其贡献给由授权方控制的中央分类账。分布式账本技术的巨大进步在于它能够最大限度地减少耗时或消除错误，确保每个人都可以访问当前版本并且其准确性可以信赖。

分布式账本技术和区块链技术这两个术语经常被一起使用——有时甚至可以互换使用。然而，它们并不相同。简单而言，区块链技术是分布式账本技术的一种，但并非所有的分布式账本技术都使用区块链技术。这种混淆是可以理解的，因为在比特币出现后人们对这些技术的兴趣激增，以及这些技术在实际使用中方式类似。两者的相同之处在于：都使用密码学创建去中心化分类账，都创建包含时间戳的不可变记录，都被认为几乎是牢不可破的，同时又都可以是公开的，任何人都可以使用；或者它们可以是许可的（私有的），因此只适用于同意某些使用标准的授权用户。二者的区别在于：区块链技术使用链接在一起的"数据块"来创建分布式分类账，但分布式账本技术还包括使用其他设计原则创建分布式账本的技术，即不需要以"块"的形式构建其数据。

数据科学、计算机技术、软件、硬件和其他技术的进步使账本变得更加强大。通过企业内部网络和互联网协议的改进，可以收集、分析和使用更多的数据。

当前，分布式账本逐渐演变为可扩展且可编程的平台，如以太坊和IBM 的超级账本（Hyperledger Fabric），这些平台可以创建解决方案，利用数据库或账本进行一切从资产数字化到简化制造和其他业务流程的操作。

分布式账本技术使用密码学来安全准确地存储信息。数据可以使用"密钥"进行访问。一旦数据信息被存储，它就成为一个不可变的数据库；网络的规则被编写到数据库编程的代码中，管理着账本的运行。

由于分布式账本是去中心化、私密和加密的，因此它们不容易受到网络犯罪的影响，因为攻击者需要同时攻击网络上存储的所有副本[1] 才能成功。此外，点对点的共享和更新记录使整个过程更快、更有效和更廉价。

分布式账本有许多用途，其中一个最常见的用途是作为其他平台的扩

---

[1]　分布式账本网络上的每个设备都存储着账本的副本。这些设备被称为节点——一个网络可以有任意数量的节点。对账本的任何更改，比如将数据从一个区块移动到另一个区块，都会在所有节点上记录。因为每个节点都有账本的副本，所以每个节点都会发布自己的最新交易版本。如果网络就最新账本的有效性达成共识，交易就会得到最终确认、加密，并被用作后续交易的基础。这就是区块链的发展方式——每个区块都包含了关于前一个区块的加密信息，使得它们无法被更改。

展被使用。一个较为知名的分布式账本是 IBM 的超级账本。它是一个模块化和可扩展的分布式账本技术平台，许多企业利用它来创建跨越多个行业的解决方案。一些已经实施分布式账本技术解决方案的行业包括航空、教育、医疗保健、保险、制造业、交通运输和公共事业。

另一个常见的用途是供应链。供应链管理是一个复杂的系统，由于从产品开发、生产到流通的各个环节都有多个企业共同参与，就会产生供应链效率低下、响应滞后等问题，区块链为解决这些问题提供了新的可能性。全球数据和信息技术公司富士通已经设计了分布式账本技术来增强供应链的透明度和防止欺诈行为，通过对数据进行安全追踪来改善供应链。

还有一个常见的用途是交易所。例如为稻谷交易而创建的富士通的稻谷交易所，其确保源头、价格、保险、运输和结算等数据都记录在账本上。参与者可以查看任何数据，并获得关于整个过程的准确信息，因为这些数据是无法更改的。所有的数据都由平台自动录入和保护，并且在稻谷被运送到最终目的地时，将提供有关稻谷运输容器的追踪信息。

上文阐述了分布式账本的技术优势，但是需要说明的是，分布式账本技术目前尚处于初期阶段，仍存在一些较为明显的缺陷。

第一，分布式账本技术的实施和维护非常复杂和困难。为了利用这项解决方案，通常需要专业的知识和专业技能，特别是在实施方面。随着参与者和交易数量的增加，分布式账本技术可能面临可扩展性的挑战。因此，分布式账本技术的处理过程可能导致较慢的处理能力或更高的使用成本。

第二，一些分布式账本技术，如比特币，需要大量能源来维持网络和处理交易，这可能对环境产生负面影响。正如恶意行为者的行动所示，分布式账本技术行业缺乏监管和标准化，可能会给用户和投资者带来风险。此外，要使分布式账本技术发挥作用，需要大规模应用，而许多行业和组织可能会因为安全顾虑而对采用新技术持犹豫态度。

第三，透明性是分布式账本技术的优点，但也可能成为其缺点。由于所有交易都可以公开查看，所以对于更敏感类型的交易，可能难以真正保护隐私。在出现错误或欺诈的交易中，更难以进行修正或撤销。

(三) 智能合约

根据前文所述，我们能知道区块链的分布式账本技术源于由共识机制所构建的难以篡改的"记录链"，基于其难以篡改的特性，我们不仅可以在该数据结构上设计分布式账本，还可以自定义一段处理事务的流程，甚至是程序，而这也是 Web3.0 技术的核心组件。

"智能合约"一词最早由计算机科学家和密码学家尼克·萨博（Nick Szabo）在约 20 年前作为华盛顿大学的研究生时引入。根据萨博的说法：

> 合约是人们通过会议达成的一系列承诺，是正式确立关系的传统方式。数字革命使新合约和形式化构成这些合约的关系成为可能。我将这些新的合约称为"智能合约"，因为它们比无生命的纸质合约更具功能性。这并不意味着使用了人工智能。智能合约是一组承诺，以数字形式规定，包括各方在这些承诺上履行的协议。[①]

萨博在将智能合约与纸质合约进行比较时指出，智能合约相较于其他概念的不同之处——智能合约可能比纸质合约"更具功能性"，因为它们可以自动执行某些预编程的步骤，但不能将其视为可以解析合约的主观要求的智能工具。事实上，萨博提供的智能合约的经典示例是自动售货机。一旦购买者满足了"合约"的条件（即投入货币到机器中），机器就会自动履行未明确约定的协议条款，并提供零食。

今天的智能合约源于 1996 年由伊恩·格里格斯（Ian Grigg）和盖瑞·郝

---

① Nick Szabo, "Smart Contracts: Building Blocks for Digital Market", *EXTROPY: The Journal of Transhumanist Thought,* Vol.16, No.50, p.1996.

兰德（Gary Howland）提出的概念——瑞卡尔迪合约（Ricardian Contracts），这是他们在描述瑞卡尔迪支付系统的资产转移工作时所提到的。格里格斯将瑞卡尔迪合约视为文本合约和代码之间的桥梁，这样的合约具有以下内容："一个单一的文档，是发行人向持有人提供的合约；持有人拥有的有价权利，由发行人管理；易于人类阅读（如纸质合约）；可被程序阅读（可解析，如数据库）；数字签名；携带密钥和服务器信息；与唯一且安全的标识符相关联。"①

智能合约是一种自动执行的程序，用于自动化执行协议或合同中的内容，可以理解为写入区块链的一段代码。一旦完成，这些交易就可以被跟踪，并且是不可逆转的。同时，智能合约允许在不需要中央机构、法律系统或外部执行机制的情况下，进行信任交易和协议达成。它使不同、匿名的参与方能够进行可信的交易和达成协议。

2008 年，中本聪提出了数字货币——比特币。比特币并不是创建数字货币的第一次尝试，但却是加密货币的第一次成功，因为它允许用户进行点对点交易，这些交易由托管在去中心化计算机网络（即区块链）上的账本保护。比特币没有依赖第三方来验证交易，而是利用区块链上托管的代码来自主管理资产转移。由于加密货币技术与萨博在 1996 年设想的技术之间的相似性，用于管理区块链网络内转账的代码片段通常被称为"智能合约"。

2013 年，维塔利克·布特林（Vitalik Buterin）提出了以太坊，这是一个区块链平台，可以创建去中心化应用程序和智能合约。智能合约是在以太坊区块链上运行的自动执行程序，可自动执行相关各方商定的规则和条例，无须律师或公证人等中介机构。

智能合约的代码书写如图 2-3 所示，其可用作以太坊账户。这意味着智能合约拥有余额并且可以成为交易的目标。然而，它们不受用户控制，而是

---

①   Ian Grigg, "The Ricardian Contract", *First IEEE International Workshop on Electronic Contracting*, 2004, pp.25-31.

部署到网络上并按照预设的程序运行。用户账户可以通过提交交易与智能合约进行交互，执行智能合约上定义的函数。智能合约可以定义规则，就像普通合约一样，并通过代码自动执行这些规则。智能合约在默认情况下无法被删除，并且与其的交互是不可逆转的。

```solidity
1   pragma solidity 0.8.7;
2
3   contract VendingMachine {
4
5       // Declare state variables of the contract
6       address public owner;
7       mapping (address => uint) public cupcakeBalances;
8
9       // When 'VendingMachine' contract is deployed:
10      // 1. set the deploying address as the owner of the contract
11      // 2. set the deployed smart contract's cupcake balance to 100
12      constructor() {
13          owner = msg.sender;
14          cupcakeBalances[address(this)] = 100;
15      }
16
17      // Allow the owner to increase the smart contract's cupcake balance
18      function refill(uint amount) public {
19          require(msg.sender == owner, "Only the owner can refill.");
20          cupcakeBalances[address(this)] += amount;
21      }
22
23      // Allow anyone to purchase cupcakes
24      function purchase(uint amount) public payable {
25          require(msg.value >= amount * 1 ether,
26              "You must pay at least 1 ETH per cupcake");
27          require(cupcakeBalances[address(this)] >= amount,
28              "Not enough cupcakes in stock to complete this purchase");
29          cupcakeBalances[address(this)] -= amount;
30          cupcakeBalances[msg.sender] += amount;
31      }
32  }
```

图 2-3　一段 Solidity 预言编写的智能合约代码，描述自动售货机的简单流程
资料来源：https://ethereum.org/en/developers/docs/smart-contracts/。

　　如图 2-4 所示，目前以太坊具有内置的智能合约功能，它是以太坊区块链的一部分。比特币区块链在进行被称为 "Taproot" 的升级后也获得了智

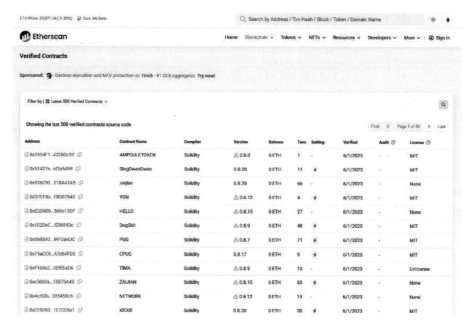

图 2-4　以太坊上的智能合约

资料来源：https://cn.etherscan.com/contractsVerified。

能合约的能力，该升级使其能够与启用了智能合约的区块链进行通信。IBM的超级账本和金链盟的 FISCO BCOS 也都具有智能合约的功能。

　　智能合约的输入参数和执行步骤需要具体和客观。换句话说，如果发生了"x"，则执行"y"步骤。因此，智能合约实际执行的任务相当基础，比如在满足特定条件时自动将加密货币从一方钱包转移到另一方。随着区块链的采用扩散和更多资产的数字化或"上链"，智能合约将变得越来越复杂，并能处理复杂的交易。事实上，开发人员已经将多个交易步骤组合在一起形成更复杂的智能合约。尽管如此，至少在未来几年内，代码很难取代更主观的法律标准，规定商务合同中是否应触发赔偿条款并支付赔偿金。

　　在某些区块链上，编译后的智能合约在实际执行之前需要额外的步骤，即支付一笔交易费用，以使合约被添加到链上并执行。对于以太坊区块链，智能合约在以太坊虚拟机（Ethereum Virtual Machine，EVM）上执行，通过以太坊加密货币支付这笔费用（被称为"Gas"）。智能合约的复杂程度越高（基于要执行的交易步骤），支付的 Gas 就越多。因此，目前 Gas 充当了一个重要的门槛，以防止过于复杂或数量庞大的智能合约对以太坊虚拟机造成压力。

智能合约最适合自动执行合同中的两种"交易"类型：（1）在某些触发事件发生时确保资金支付；（2）如果未满足某些客观条件，则施加财务惩罚。在这两种情况下，一旦智能合约部署并运行，就不需要人为干预，包括通过值得信赖的第三方保管人甚至司法系统，从而降低合同过程的执行和强制执行成本。

举例来说，智能合约可以消除所谓的采购到付款的差距。当产品到达并在仓库扫描时，智能合约可以立即触发所需的批准请求，并在获得批准后立即将资金从买方转移到卖方。卖方将更快地收到款项，不再需要进行追索，而买方将减少应付账款的成本。这可能影响工作资本需求，并简化双方的财务操作。在强制执行方面，如果未收到付款，智能合约可以被编程为关闭对互联网连接资产的访问。

（四）分布式数据存储

在 Web3.0 的语境下，集中式存储解决方案，如谷歌云、OneDrive、多宝箱（Dropbox）等，已经无法满足需求。毕竟，我们几乎无法确定第三方是否在保护我们的隐私、是否会滥用我们的隐私。集中式存储解决方案需要用户对其有极高的信任，而 Web3.0 的运行原则是无须信任。此外，当集中式存储解决方案中公司的服务器发生故障时，用户可能会丢失他们珍贵的数据，并且就算是个人存储设备，如个人电脑硬盘、外部磁盘和手机存储器，也都存在单点故障风险。因此，如果我们想真正拥有数据，就需要使用去中心化的存储解决方案。分布式数据存储就是一种去中心化的存储解决方案，能使用户真正拥有自己的数据，而且不会出现单点故障。

在 Web3.0 中，最常见的关于数据存储的误解是我们可以将所有内容都存储在区块链上。然而，如果我们之前曾经创建过一个 NFT，就会知道我们并没有将代表 NFT 的文件（如 JPEG 图像）存储在区块链上。事实上，甚至没有将 NFT 的元数据存储在区块链上。相反，只是在链上存储了指向元数据文件的链接。因此，尽管区块链是分布式数字分类账，而且从定义上来说是一种特定类型的 Web3.0 存储解决方案；但它们更适合特定类型的数据，外部链接就是这类数据。当然，并非所有的区块链都是相同的，有些主要关注 Web3.0 文件存储。然而，总体而言，在可编程的区块链（如以太坊）上存储较大的文件在技术和经济上是不可能的。

在 Web3.0 存储解决方案中，文件是存储在一个由多台计算机组成的网络上，而不是单个服务器上。然而，这些网络的确切性质和机制差异很大。事实上，有许多项目正在努力寻找最终的解决方案。当前，已经有一些相对比较可靠和值得信赖的 Web3.0 文件存储解决方案，我们将在接下来的内容中进行讨论。

如图 2-5 所示，星际文件系统（IPFS）是一个点对点的超媒体协议，旨在使互联网更加易于访问、更快、更安全和更开放。IPFS 允许用户存储和分享内容。在区块链的世界中，每个用户都拥有自己的节点（服务器）。这些节点之间可以通信并共享文件。IPFS 是分散式的，因为它需要从成千上万的节点中加载内容，而不是从一个中央服务器。每个数据块都经过加密哈希处理，以创建一个唯一的内容标识符：CID。我们可以将一个网站存储在 IPFS 中，以避免审查和单点故障。但如果个人 IPFS 节点离线了会发生什么呢？不用担心，因为该网站仍然可以通过全球其他提供服务的节点加载。我们可以通过密码学手段确认 IPFS 内容的完整性。最后，IPFS 内容进行了去重处理。因为它们的哈希会产生相同的 ID，所以可以将两个相同的 1 MB 文件存储在同一个 IPFS 节点中。

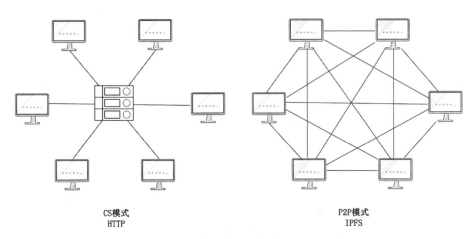

CS模式
HTTP

P2P模式
IPFS

图 2-5　IPFS 的分布式架构对比 HTTP 架构

Filecoin 是一个开源的分布式数据存储解决方案。其核心是一个云存储市场、协议和激励层。此外，Filecoin 网络是建立在 IPFS 之上的。因此，它提供了分散和安全的数据存储和检索。正如"filecoin.io"上所述，这个 Web3.0 文件存储网络旨在打造一个更加安全和高效的网络，摆脱企业的控制。

Filecoin 网络实现了惊人的规模经济效益。它通过允许任何人加入并作为存储提供者参与其中来实现这一点。这种供应的自由确保了存储的超竞争价格。此外，这也意味着 Filecoin 网络包括了大量多样化的存储提供者和开发者。得益于这种多样性，网络用户从中获得了强大而可靠的服务。有了这些概念，可以说 Filecoin Web3.0 存储可以由每个人建立和拥有。

通过内容寻址和加密存储证明，这个开源协议提供了可证明的安全性和真实性。此外，用户可以根据自己的需求定制这个存储解决方案。通过调整冗余、检索速度和成本策略来实现。另外值得一提的是，Filecoin 是一个快速发展的生态系统，包括提供者、工具、库和集成环境。

Swarm 是为了与以太坊智能合约生态系统相互操作而设计的，它类似于 Filecoin，并依托以太坊的共识过程，为我们现有的客户端 / 服务器基础设施提供了一种去中心化的替代方案。Swarm 是一个分散的基础设施，可以存储和传输来自全球各地的数据。

三、扩展层：安全计算平台

（一）什么是扩展层

Web3.0扩展层网络扩展了基础层对应网络的功能，旨在提高基础层网络的性能，降低交易费用或增加可编程性。例如，在以太坊上，Gas费用可能变化很大，交易时间较慢，因此应用开发人员会为用户提供与Layer 2[①]扩展网络（如Polygon）进行交互的能力，以降低用户的费用和交易延迟。

与基础层网络具有不同共识方法类似，每个Layer 2网络都会实施一种扩展解决方案，或者采取一种将交易映射回其基础层的方式。例如，常见的Layer 2扩展解决方案是实施零知识卷叠。其思想是，侧链执行交易排序和处理，并提交数学证明，证明它们公正地处理了这些交易。一些其他的Layer 2扩展解决方案的例子包括闪电网络和Starknet等。

（二）扩展层关键技术——跨链桥

区块链桥（Blockchain Bridge），又称跨链桥（Cross-chain Bridge），用于连接两个区块链，允许用户在这两个链之间发送加密货币。基本上，如果我们拥有比特币并且想要像以太坊一样使用它，就可以通过跨链桥梁实现这一目标。

区块链最大的问题之一就是无法进行协作。尽管单独作为一个实体时相对流畅和高效，但每个区块链都受限于自己领域的壁垒。这通常会导致高交易成本和拥堵问题。跨链桥是一种连接两个经济和技术上独立的区块链的协议，以实现它们之间的互操作。这些协议的功能类似于将一个岛屿与另一

---

① Layer 2是指在Layer 1的基础上构建的二层网络，采用各种技术手段来扩展Layer 1层的容量和性能。

个岛屿相连接的物理桥梁，而这些岛屿就是独立的区块链生态系统。

因此，跨链桥实现了所谓的互操作性，这意味着托管在一个区块链上的数字资产和数据可以与另一个区块链进行交互。互操作性是互联网的基石——全球的机器使用同一组开放协议进行交流。在区块链领域，由于存在许多不同的协议，跨链桥对于实现类似的数据和价值交换的便利至关重要。

跨链桥与 Layer 2 解决方案非常相似，尽管这两个系统有不同的目的。Layer 2 是建立在现有区块链之上的，虽然它确实提高了速度，但缺乏互操作性。跨链桥旨在提升现有区块链之间的互操作性。

跨链桥可以完成很多事情，比如转换智能合约和发送数据，但最常见的用途是通证转移。例如，我们想将比特币转移到以太坊网络。一种方式是先卖掉比特币，然后购买以太币。然而，这样做会产生交易费用并面临价格波动的风险。另一种方式是使用跨链桥，在不出售加密资产的情况下实现这个目标。当我们将 1 个比特币桥接到以太坊钱包时，跨链桥合约会锁定这个比特币，并创建一个等值的封装比特币（Wrapped Bitcoin，WBTC），它是与以太坊网络兼容的 ERC-20 通证。我们要转移的比特币数量会被锁定在智能合约中，并发行或铸造等值的目标区块链网络上的通证。封装的通证是对另一种数字资产进行流通处理的版本。它的价值与所代表的资产相对应，通常可以在任何时候兑换成原始资产。

从用户的角度来看，这个过程需要几个步骤。以跨链桥的一种——Binance Bridge 为例，首先我们需要选择想要桥接的链，并指定数量。然后，将加密货币存入 Binance Bridge 生成的地址。在规定的时间窗口内，加密货币被发送到该地址后，Binance Bridge 将在另一个区块链上向我们发送相等数量的封装通证。如果我们想要将资金转换回去，只需反向操作即可。

上述内容只是其中一种资产跨链转移方式，资产跨链转移还有很多方式，如下：

（1）锁定和铸造：锁定源链上的资产，铸造目标链上的资源。

（2）销毁和铸造：在源链上销毁资产，在目标链上铸造资产。

（3）原子交换：与另一方将源链上的资产交换为目标链上的资产。

举个例子，想象一下我们如何使用维萨（Visa）支付万事达卡（Master Card）账单，或者 PayPal 如何支付我们在任何地方购物的费用。不同的系统具有不同的协议，但交易是快速且无缝的。这是因为在加密货币出现之前，互操作性一直是保持金融系统正常运作的关键。随着区块链技术变得越来越重要，像跨链桥这样的解决方案逐渐成为实现标准化的重要一步。

跨链桥的一个明显缺点是集中化。如果用户希望将他们的通证转换为其他类型的通证，就需要放弃对原有通证的控制权，将其转移给信任的他人。这里的想法是跨链桥服务的提供者拿走我们的数字资产并将其"封装"在一个 ERC-20 合约中，使其具有能够在以太坊上流通的功能。

基于信任的桥梁在我们想要转移大量加密货币时是快速且经济的选择，但可靠服务的范围相对较小。如果冒险进入较为陌生的品牌领域，风险可能会增加，这对较小的交易者来说并不具有吸引力。

还有一种去中心化的跨链桥，也就是无信任桥梁，旨在使用户在转移通证时感到更安全。这些解决方案的运作方式就像一个实际的区块链，各个网络共同验证交易。如果我们担心通证落入恶人的手中，就可以选择使用无信任桥梁。去中心化跨链桥的问题在于它们是基于既定程序的服务。当出现问题时，它们只负责处理我们的请求，而不负责修复问题，这可能成为一个风险。

以下是一些最受关注的跨链桥。

Binance Bridge：该跨链桥提供了最丰富的可交易加密货币。它支持像以太坊、Solana、TRON 等流行的区块链。

Celer cBridge：该跨链桥允许用户在多个不同的区块链上以即时、低成本和安全的方式桥接资产和任意消息。该平台现已将其支持范围扩展到广泛的区块链、去中心化应用程序和跨链场景。

AnySwap：该平台因为除了转移加密货币之外还具有其他功能而受到欢迎。一旦连接到钱包，人们不仅可以查看不同类型通证的所有余额，还可以自由地将余额从一个地方转移到另一个地方。然而，有一些特定的区块链，如果想要从这些区块链转移，只能选择特定的目标。

与此同时，跨链桥也存在一些限制和风险。攻击者已经利用一些跨链桥智能合约的漏洞进行了攻击，大量的加密货币被恶意行为者从跨链桥中盗用。

（1）托管风险。基于信任的桥梁背后的集中实体，理论上可以窃取用户的资金。因此，在使用基于信任的桥梁时，最好选择具有长期良好记录的知名品牌。

（2）交易速度瓶颈。单个链的吞吐能力瓶颈可能会阻碍大规模的区块链互操作性。虽然桥梁可以缓解繁忙网络上的拥塞，将资产转移到另一条链上并不能解决可扩展性问题，因为用户并不总是能够访问相同的去中心化应用程序和服务。例如，一些以太坊的去中心化应用程序在 Polygon 桥梁上不可用，这限制了它的扩展效能。

（3）由不同区块链协议导致的风险。跨链桥可能会使底层协议面临与信任差异相关的风险。因为跨链桥连接不同的区块链，互联网络的整体安全性取决于最脆弱的环节。

（三）零知识证明

零知识证明是一种密码学技术，允许某人在不泄露数据本身的情况下证明数据的真实性。这项技术在 Web3.0 中有着广泛的应用——从增强数字资产的安全性到实现私人和安全的交易。一开始这听起来可能有些反直觉，但实际上它是保障隐私和安全的一种强大技术。

为了理解零知识证明的应用场景，让我们来考虑一个例子，其中爱丽丝（Alice）为证明方，鲍勃（Bob）为验证方。

爱丽丝："我知道联邦储备系统计算机的密码、麦当劳秘制酱汁中的成分，以及《计算机程序设计的艺术》第7卷的内容。"

鲍勃："不，您不知道。"

爱丽丝："不，我知道。"

鲍勃："您不知道！"

爱丽丝："我知道！"

鲍勃："证明它！"

爱丽丝："好吧，我告诉您。"她在鲍勃耳边轻声说。

鲍勃："很有趣。现在我也知道了。我要告诉《华盛顿邮报》。"

爱丽丝："糟了！"

在这个场景下，爱丽丝似乎在"证明自己知道联邦储备系统计算机的密码、麦当劳秘制酱汁中的成分，以及《计算机程序设计的艺术》第7卷的内容"和"不将秘密泄露给鲍勃"二者间只可取其一；但实则不然，爱丽丝可以使用零知识证明向鲍勃证明她知道这些知识，同时又不泄露这些知识本身。这可能涉及爱丽丝执行一系列数学操作来证明她知道密码，但不透露密码本身的任何信息。鲍勃可以验证这个证明，而不必了解密码。

为了理解零知识证明在实践中是如何工作的，让我们考虑一个简单的例子。假设爱丽丝想向鲍勃证明她知道方程 $y=x^2$ 中 x 的值但不想直接向鲍勃透露 x 的值。

为了做到这一点，爱丽丝可以使用零知识证明。

（1）爱丽丝选择一个随机数 r，然后计算 $y=r^2$。然后，她可以将 y 与证明她知道 r 的值一起发送给鲍勃。

（2）鲍勃可以通过自己执行一系列计算来验证证明。他可以检查 $y=r^2$，并验证爱丽丝的证明是否有效。如果这两个条件都成立，鲍勃可以确信爱丽丝知道 x，而无须了解该值是多少。

这只是一个简单的例子，展示了如何使用零知识证明来证明对数据的了解，而不揭示数据本身。实际上，零知识证明可以更复杂，涉及多个计算和复杂的加密算法。

在 Web3.0 中，零知识证明具有的一系列优势使其具有广泛的应用。首先，它可以在交易中提供增强的隐私和安全性。通过使用零知识证明，可以在不透露任何个人或敏感信息的情况下证明交易的真实性。其次，零知识证明可以帮助减轻区块链网络的计算负担。通过允许验证交易而不揭示所有底层数据，零知识证明可以帮助减少需要存储和传输到区块链上的数据量。最后，零知识证明可以在 Web3.0 中实现新的应用。例如，它可以用于证明对数字资产的使用权，而不揭示所有者的身份，或者在不需要密码或其他个人信息的情况下对用户进行身份验证。

零知识简洁非交互式知识论证（Zero-Knowledge Succinct Non-Interactive Argument of Knowledge，ZK-SNARKs）、零知识可扩展透明知识论证（Zero-Knowledge Scalable Transparent Argument of Knowledge，ZK-STARKs）和零知识卷叠（Zero-Knowledge Rollups，ZK-Rollup）是 Web3.0 中零知识证明的三个使用场景。其中零知识简洁非交互式知识论证和零知识可扩展透明知识论证可以在不揭示任何敏感信息的情况下高效验证数据的有效性。二者之间的关键区别在于，零知识可扩展透明知识论证不需要可信设置，更安全但计算成本更高；而零知识简洁非交互式知识论证需要可信设置，但速度更快、更高效。零知识卷叠是一种第二层扩展解决方案，允许大量交易在区块链下处理，然后使用零知识证明证明区块链下交易的正确性，从而提高可扩展性并降低燃料成本。虽然零知识卷叠提供的隐私保护水平不及零知识简洁非交互式知识论证或零知识可扩展透明知识论证，但却为改善以太坊网络的可扩展性提供了更实用的解决方案。

（四）人工智能

1.人工智能与区块链结合的意义

将人工智能与区块链结合的应用是当前一个探索热点。到目前为止，大多数人工智能的机器学习和深度学习方法都依赖于集中式的训练模型，其中一组服务器对训练和验证数据集运行特定模型，像谷歌、苹果和亚马逊等许多公司管理着大量数据以作出明智的决策。然而，人工智能的集中化性质可能导致数据被篡改，因为以集中化的方式进行管理和存储的数据可能受到黑客攻击和操纵。[①] 此外，数据溯源和数据的真实性也无法得到保证。这可能导致人工智能的决策结果出现严重的错误、风险和危险。

为了应对上述问题，分布式人工智能方案应运而生。分布式人工智能能够在区块链上处理和进行分析或决策，这些数据是经过交易和存储在区块链上的可信、数字签名和安全的共享数据，而且是以分布式和去中心化的方式进行，没有可信第三方或中介。人工智能通常需要处理大量的数据，而区块链被视为一个可信的存储平台来存储这些数据。区块链智能合约的特性使得开发者可以对区块链进行编程，以管理决策或生成和访问数据的参与者之间的交易。基于智能合约的自治系统和机器可以随着时间的推移学习和适应变化，并作出决策，这些决策可以被所有参与实体追踪和验证。利用区块链的人工智能技术可以提供分布式学习，促进知识和决策结果在大量自治代理之间的信任和安全共享，这些代理可以对进一步的决策进行协调和投票。

此外，通过将人工智能和区块链技术相结合，可以有效解决人工智能和区块链各自存在的不足之处。人工智能算法依赖于数据或信息来学习、

---

① T. N. Dinh, M. T. Thai, "Ai and Blockchain: A Disruptive Integration", *Computer*, Vol.51, No. 9, 2018, pp. 48–53.

推理和作出最终决策。当数据从安全、可信和可靠的数据存储库或平台收集时，机器学习算法的效果更好。区块链作为分布式账本，数据可以以加密签名的方式存储和交易，并经过所有矿工节点的验证和认可。区块链数据具有高度的完整性和弹性，不能被篡改。当智能合约用于机器学习算法进行决策和分析时，这些决策的结果是可信且无争议的。将人工智能和区块链结合起来可以创建一个安全、不可变、分散的系统，用于人工智能驱动的系统必须收集、存储和利用高度敏感信息。这个概念将极大地改善各个领域中数据和信息的安全性，包括医疗、个人、银行，以及金融、交易和法律数据。

2. 人工智能和区块链结合探索

（1）由于人工神经网络需要大量的数据和高计算能力进行训练，因此建立强大、安全的数据中心来获取大型数据集已成为必要。伍兹（Woods）强调了将人工智能技术和区块链基础设施相结合以应对互联网面临的安全威胁的重要性，其中机器人和人机交互的增加导致 52% 的网络流量由机器人生成。

（2）由于机器人流量的增加，预计在不久的将来，机器人之间的通信将超过人机交互。机器人需要能够查询彼此进行身份识别，然后在交互之前查找数据和评级的历史记录。在审计过程中，查询信息和数据可以存储在区块链上，从而实现更高级别的透明度和安全性。

（3）区块链和机器学习技术的整合是一个更强大的组合，它提供了不可变的、强大的共识机制，超安全的去中心化、自主身份，具有极大的潜力来重新平衡和改进机器学习算法。

整体而言，区块链基础设施为传统的分布式架构引入了三个新特性，即去中心化和共享控制、不可篡改的审计记录，以及本地资产交易。结合人工智能技术，这种基础设施为用户提供了全新的数据模型，共享对 AI 训练数据和模型的控制，并提高了数据的可信度。人工智能需要大量的数据，而区块链可以提供更好的数据模型。

同样，使用人工智能技术也可以解决区块链中存在的问题。以以太坊为例，由于用户上传的智能合约源码全部暴露在公链上并且涉及大量资金流动，由此带来的安全问题引起广泛关注。由于智能合约代码本质上是字符序列，使用 AI 的技术手段（如机器学习）对智能合约的代码编写漏洞进行检测是目前智能合约漏洞检测的主流方法之一。

以下为几种常见的智能合约漏洞。

（1）委托调用漏洞。在智能合约中，delegatecall 是一种在智能合约内部调用其他合约代码的函数；但是，如果使用不当，可能会导致安全漏洞。合约使用委托调用时，未正确验证调用合约的函数签名，导致攻击者可以调用恶意合约并执行未授权的操作，从而造成资产被盗窃或合约逻辑中断。

（2）随机误用漏洞。由于使用不安全的随机数种子将导致随机数可以被预测，在智能合约中生成可靠的随机数成为一个重大挑战。攻击者可以预测或操纵随机数的生成过程，从而影响合同的执行结果，导致资产损失或不公平的竞争环境。

（3）短地址攻击漏洞。短地址攻击是指攻击者在数据传输过程中利用带有 0 的填充特性，提供不完整的地址信息来误导合约。因此，攻击者绕过验证机制，错误地将资产转移到他们控制下的地址。

（4）Gas Limit（交易费用限制）和优化问题。智能合约的执行需要 Gas 的消耗，Gas Limit 作为合约执行的预算上限。当处理复杂的逻辑而不优化合约代码时，Gas 资源可能会耗尽，从而导致合约无法正常运行。此外，攻击者可以构建高 Gas 消耗的事务来执行拒绝服务，从而损害合同的可用性。

在智能合约漏洞检测中，常用的机器学习方法包括监督学习、半监督学习、无监督学习和强化学习。（1）监督学习需要利用大量带标签的数据进行训练，能够有效地将已有数据应用于新数据。该方法的优势在于训练数据多、结果更安全准确、适用范围更广，其缺点在于它们需要大量带标签的数据进行训练。（2）半监督学习在智能合约漏洞检测中使用较少，但具有巨大的潜力。该方法的优势在于预训练过程不需要带标签的训练数据，可以基于预训练的大型模型来简化训练过程。其局限性在于可能难以捕捉特定的漏洞特征。（3）无监督学习在智能合约漏洞检测中很少应用。该方法的优势在于不需要带标签的训练数据，其局限性在于可能难以捕捉特定的漏洞特征。(4)强化学习是一种基于代理和环境之间交互的机器学习技术，它通过反复试错来进行学习。这种方法的优点在于可以用于处理复杂、动态变化的环境，并且能够通过不断学习和优化策略来有效提升漏洞检测成功率。其缺点在于训练时间长，对于复杂任务有学习效率性能不稳定问题。

此外，机器学习可以与静态分析、动态分析和模糊测试方法结合使用。与静态分析结合时，可以从智能合约的源代码或字节码中提取特征（如代码模式和函数调用），用于训练机器学习模型，以识别潜在的漏洞。与动态分析结合时，可以在合约执行过程中收集运行时产生的数据（如状态变化和交易流程），并与机器学习模型结合使用，以检测异常行为和潜在漏洞。与模糊测试方法结合时，可以生成随机或半随机的输入数据，并观察合约执行结果，然后可以使用机器学习来分析执行过程和结果，自动发现新的漏洞或异常行为。

四、应用层：Web3.0 世界入口

应用层是 Web3.0 技术架构中的最顶层结构，是在扩展层的基础之上，将技术落地应用的一层结构。在该层的技术种类包含网页的 UI 界面、与扩展层各种技术对接的集成开发包，以及在这之上的去中心化应用程序、数字钱包、聚合器的具体应用等。在应用层，普通用户拥有与一个或多个区块链交互的能力，而无须知道实现细节，具体应用示例包括 Status、MetaMask 和 MyCrypto。同时，应用层包含了人类可读的语言和库，开发人员在这一

层以适当的抽象级别创建程序。其多种语言可用于开发应用程序，而无须处理实际的字节码，如 Solidity、Vyper、Plutus 和 Rust 等。此外，应用层还有各种各样的框架可更容易地开发与区块链交互的应用程序。

数字钱包和聚合器是应用层的两个重要应用。数字钱包为用户提供了一种独立的身份验证方式。聚合器则在 Web3.0 应用层中将各种不同的服务和协议统一起来，以提供更优化的用户体验。以下将具体介绍这两类应用。

（一）数字钱包

简单来说，Web3.0 的数字钱包是一种可以让用户与去中心化应用和智能合约交互的软件，不仅可以访问资金，还可以提供远超传统钱包的多种用途。例如，能够帮助用户实现数据访问控制，为用户管理自身数据的账户。此外，Web3.0 数字钱包还能够存储数字资产（如 NFT），并使用户能够与去中心化应用程序进行交互，而无须第三方机构的参与。

钱包实际上并不存储加密货币，而是存储访问资金所需的信息。具体而言，存储的信息有三个主要组成部分：（1）公钥：连接到一个地址，可以通过它发送和接收交易。（2）私钥：必须由用户秘密保存。用于签署新的交易及访问资金。（3）种子短语：用于生成多个私钥。作为根密钥，它不仅可以访问用户钱包中的其余密钥和地址，还可以创建新的私钥。

数字钱包可以分为两种类型：热钱包（Hot Wallets）和冷钱包（Cold Wallets）。

1. 热钱包

热钱包通常被称为软件钱包（Software Wallets），它们被托管在能够访问互联网和加密货币网络的设备上。由于能够存储、发送、接收和查看通证，热钱包被认为是最实用的数字钱包。但由于热钱包与网络连接，相比冷钱包，它们更容易受到黑客攻击。以下是几种热钱包。

一是桌面钱包。桌面钱包只需作为应用程序下载到我们的笔记本电脑或台式机上，在本地设备上执行，被认为是最安全的热钱包类型。

二是 Web 钱包。Web 钱包安装在服务提供者的计算机或服务器上，允许用户通过浏览器界面进行交互，而不需要下载或安装任何东西。它具有与桌面钱包完全相同的功能，使用相同的区块链和区块浏览器来搜索区块和交易。

三是移动钱包。移动钱包是一种安装环境简单且方便快捷，为智能手机设计的移动应用程序，这使用户可以方便地在手掌中访问自己的资金。由于安装环境简单且方便快捷，移动钱包相对于桌面应用程序更为简化。

2. 冷钱包

冷钱包由于不连接互联网而被视为一种更安全的存储加密货币的选择。它通过一种物理介质离线存储密钥。这种冷存储方法使冷钱包对于黑客来说越来越难攻破，因此受到了长期投资者的欢迎。以下是几种冷钱包。

一是硬件钱包。硬件钱包是物理电子设备（通常类似于 USB 设备），使用随机数生成器（Random Number Generator，RNG）生成公钥和私钥。由于能够在设备中持有公钥和私钥而没有与互联网的连接，因此较为安全。使用硬件钱包进行冷存储可以使用户获得更高的安全性，并防止黑客访问他们的资金。硬件钱包更适合长期投资和存储，因为它们往往不太容易访问。其主要用途是确保用于大笔资金的高安全性，而不用于经常使用的资金。

二是纸钱包。纸钱包是一张纸，上面打印有区块链的地址和私钥。这些密钥被打印成 QR 码，人们可以通过扫描 QR 码发送资金。基于区块链的纸钱包的使用在今天并不常见，并且经常不被推荐，因为它存在根本性的缺陷。其中一个缺陷是纸钱包无法发送一部分资金，只能一次性发送全部余额。

3. 主流钱包

目前，市场上各种各样的数字钱包，大部分都是免费下载和设置的。

安全的数字钱包为创建公平开放的互联网奠定了良好的基础。以下为几种主流的 Web3.0 数字钱包。

一是 MetaMask（小狐狸钱包）。小狐狸钱包是目前在 Web3.0 中使用最广泛的钱包，它拥有约 2100 万月活跃用户，其友好的界面使得用户可以与区块链进行交互，并通过种子短语备份账户。小狐狸钱包允许用户直接通过应用程序购买 ERC–20 通证，并掌握私钥的控制权，因此它是非托管的。此外，它还是开源的，支持在币安智能链或 Polygon 等其他自定义区块链上进行交易。小狐狸钱包使用户更能掌控其公钥和私钥。由于其广泛的使用和庞大的开发社区，小狐狸钱包可以连接到大多数去中心化应用程序。由于小狐狸钱包是在线钱包，与离线钱包相比，其在线功能被黑客攻击的风险更大。虽然小狐狸钱包不会追踪我们的信息，但我们使用的浏览器可能会收集有关我们与小狐狸钱包扩展程序的交互程度的用户信息，从而危及我们的隐私。此外，小狐狸钱包仅支持以太坊和其他基于以太坊的通证。

二是 Coinbase 钱包。Coinbase 钱包之所以受欢迎，是因为 Coinbase 是美国最大的加密货币交易所。该非托管钱包不依赖中心化交易所，而是用于在账户之间直接转移资产。需要注意的是，Coinbase 钱包是一种数字货币钱包，它拥有经过验证的安全性，并利用生物特征安全或个人身份识别码来保护资产。该钱包仅支持有限数量的数字资产，如以太坊 ERC–20 通证、比特币、狗狗币、莱特币、DAI、瑞波币、XRP 等。此外，Coinbase 钱包支持各种以太坊二层解决方案，包括 Arbitrum、Avalanche C-Chain、币安智能链、Optimism 和 Polygon。该钱包具有高度合规性特点，如符合 KYC[①] 规定。与小狐狸钱包一样，它也不是最安全的选择，因为用户的通证是线上的。

三是 Trust 钱包。它是一款支持多种数字资产的移动钱包，支持广泛的

---

① Know Your Customer，常被简称为 KYC，是一种身份验证过程，用于金融机构确认其客户的身份并评估潜在的风险，其中包括洗钱和欺诈等非法活动。

加密货币和资产。Trust 钱包允许用户进行抵押，并从持有的数字资产中获取回报，同时保持非托管状态。尽管该钱包提供了多种功能，但它不收取任何钱包、交换或去中心化应用程序费用。Trust 钱包也被认为是一种热钱包，因此仍然容易受到黑客攻击的威胁。

四是 Zerion。Zerion 是一款直观的以移动端为主的 Web3.0 社交钱包和投资工具，任何人都能够通过该钱包管理他们的 DeFi 和 NFT 投资组合。Zerion 在生态系统中脱颖而出的地方在于，它允许用户连接非 Zerion 钱包（包括 Ledger 硬件钱包），并管理他们的投资组合。Zerion 内置的交易和桥接聚合器可跨所有主要区块链帮助用户找到最佳交易。无论是使用 Web 应用程序、移动应用程序，还是 iPad 应用程序，用户都能享受这些功能。此外，Zerion 的社交功能使用户可以关注其他人的钱包，接收 NFT 销售推送通知，并跟踪他们最喜欢的资产。Zerion 分享了许多工具，以帮助其他开发者。基于 Alchemy 构建的 Zerion WebSocket API 允许开发者将整个 DeFi 整合到他们的应用程序中，而无须运行自己的节点基础设施，该 API 也被 Rainbow 等钱包使用。Zerion 的 DeFi SDK 是一套开源智能合约，使跨网络交易、查询资产和与主要 DeFi 协议交互更加容易。

五是 ZenGo。ZenGo 是 Web3.0 中最安全的钱包，采用密码学技术。ZenGo 提供了非托管钱包的所有传统优点，包括支持多个区块链和在比特币、以太坊等网络上获得利息。作为 Web3.0 安全领域的行业领导者，ZenGo 内置的 Web3.0 防火墙（ClearSign）会提醒用户审批最敏感的 Web3.0 交易。ZenGo 屡获殊荣的三因素钱包恢复系统利用加密面部生物特征，确保了简单、安全且完全由用户控制的钱包恢复。

（二）聚合器

聚合器指的是集成去中心化应用程序的平台，可以类比中心化网络的应用商城等，而相比应用商城，聚合器的概念更广，它还包括了 Web3.0

钱包，以及去中心化用户身份的聚合，最后形成一个更为便利的 Web3.0 生态。

通过聚合器，用户将能够在一个地方分析所有可用选项的情况。例如，在去中心化交易所的支付中，用户可以选择多种加密货币进行支付，但是用户不确定哪种加密货币当前的价值更高，聚合器可以使所有可用的加密货币选项都聚合到一个平台上进行简单比较，无须在各个平台之间来回切换，从而帮助用户较便捷地作出更为明智的决策。

聚合器的范围还可以更广，比如分散式预言机。基于区块链的预言机旨在为区块链网络提供现实世界和链外数据，通过聚合所有预言机的数据，而不是依赖单个预言机，可以增加预言机的可靠性。此外，这种聚合更容易达成共识，因为根据所有可用方的聚合输入，更容易确定哪些数据是正确的。

与许多其他基于加密货币的应用程序和资产一样，NFT 也可以从聚合器中获得巨大的好处。当前，每天都有很多 NFT 创作和基础设施项目进入市场，但很多时候，这些应用展示无法离开它们所属的平台。由于加密货币的开源性质，聚合器可以为任何开源链上的资产和应用程序提供解决方案，当它们的创作在开放市场上发布后，就不再需要开发者。这为所有用户创造了一个更可访问的市场，从而释放个体 NFT 和 NFT 市场的全部价值。

随着跨链互操作性的不断推动，聚合器有很大潜力通过使各个行业更加开放和可访问来扩大其影响力。

第二节　核心能力

Web3.0 的核心能力是指其如何能够推动构建一个更加安全、开放和创新的互联网生态系统，区别于 Web 2.0，Web3.0 能够赋予用户更大的数据和身份自主控制权，推动数字对象资产化以及赋能数据流通。

一、数字身份：身份自主

Web3.0 使用户能够完全掌握其数字身份的自主权，即用户能够自主管理身份。本书接下来将首先讲述自主管理身份的内涵和意义；其次对自主管理身份的演进过程进行描述，分析自主管理身份出现的原因；最后将对自主管理身份的业务逻辑和关键技术进行介绍。

（一）自主管理身份的内涵和意义

传统的数字身份模式包括中心化和联盟化数字身份模式，在这两种模式中，用户并不能管理和控制其身份数据，这些数据的控制权掌握在中心化机构或联盟手中。自主管理身份（Self-Sovereign Identity，SSI）是一种以用户为中心的互联网数字身份模式，用户能够对其数字身份进行自主管理和控制，而不依赖任何中心化机构或平台。因此，自主管理身份使每个人都能够轻松共享其数据并可靠地证明其身份，而不会牺牲安全性或隐私。

自主管理身份融合了密码学、区块链、分布式标识、可验证凭证等技术，虽然目前仍处于探索初期，但其对数字社会的发展具有重要意义。

（1）自主管理身份模式下，用户能够自主创建、拥有、管理和控制自己的数字身份，可以决定共享哪些身份信息及与谁共享，从而更好地保护个人信息的安全和隐私。同时，不再受限于特定平台，可以自由地携带自己的数据。这种独立性给用户带来了更大的自由和灵活性。

（2）自主管理身份的用户中心设计和对选择性披露，以及其他数据最小化技术的支持，确保了用户的隐私保护。用户可以选择性地披露他们的数据，并控制数据的使用范围，从而保护个人隐私。

（3）自主管理身份支持在去中心化机构下可信地验证身份。自主管理身份利用区块链技术实现身份的可信验证，无须依赖中心化的机构或第三方认证机构。通过区块链的不可篡改性和分布式的共识机制，可以有效验证与确认身份信息的真实性和可信度。

（4）自主管理身份使得用户能够使用一个数字身份与不同的机构或平台进行交互，而不再需要记忆各种各样的用户名和密码，用户只需使用自己的数字身份进行验证和授权，简化了身份管理的复杂性，提高了用户体验。

（5）自主管理身份中用户数字身份的唯一性使得用户的行为可被追溯。用户的数字身份是唯一的，并与其行为紧密关联，这意味着用户的各种交互和活动可以被追溯和记录，为审计、追责和事后溯源提供了便利。

（二）自主管理身份的演进过程

1. 中心化—联盟化—分布式

国际电子技术委员会将"身份"定义为"一组与实体关联的属性"。这里的实体不仅仅是人，还可以是机器，甚至网络中虚拟的东西也可以是实体并拥有身份。

随着互联网的发展，传统的身份出现了另一种表现形式即数字身份。数字身份是指将现实世界的用户身份与属性信息通过数字化方法编码为机器可读的信息，以便在网络空间中识别和查询。我们可以将数字身份理解为关于用户的所有（数字化）信息的总和。换句话说，用户的数字身份描述了用户是谁以及用户的一切。

一般来说，我们将数字身份模式的演进过程分为三个阶段：第一阶段是中心化数字身份，由单一的中心化机构进行管理和控制。在这种模式下，一个中心机构负责颁发、验证和管理用户的数字身份信息。用户需要依赖这个中心化机构来证明其身份。第二阶段是联盟化数字身份，由多个机构或联盟进行管理和控制。在这种模式下，多个机构或组织形成联盟，共同管理和控制数字身份的发行和验证。这种模式下的数字身份具有更高的灵活性和可信度。第三阶段是分布式数字身份，不再依赖于中心化机构或联盟组织进行管理和控制。分布式数字身份基于区块链等分布式技术，实现了去中心化的身份管理和验证。用户可以直接掌握和管理自己的数字身份信息，不再依赖于第三方机构的认证，数字身份演进过程如图 2-6 所示。

图 2-6　数字身份模式演进

（1）中心化数字身份模式。这种模式是互联网身份的最初形式且在当今依然被普遍使用，比如我们的身份证、护照等是由政府机构颁发的，银行账户是由银行开设的，社交账号是由社交平台管理的。这种模式下，用户的身份信息完全交由中心化机构管理和控制，一旦发生数据泄露，后果将十分严重。除此之外，这种模式下各个中心化机构之间的信息并不互通，用户需要记忆和管理不同平台上的用户名和密码，甚至还要记忆诸如密保问题等信息。

（2）联盟化数字身份模式。为了解决中心化数字身份模式中存在的问题，出现了联盟化数字身份模式。在这种模式下，用户身份数据交由多个机构或联盟进行管理，具有一定程度的可移植性，缓解了用户的记忆负担。这通常是通过在用户和机构之间加入一个身份提供商（Identity Provider，IdP）来实现的。只要用户在身份提供商那里注册一个账号，就可以登录该身份提供商的关联机构。比如我们登录淘宝时可以使用支付宝账户。但这种模式下，用户的身份信息依旧掌控在联盟手中。除此之外，用户需要记忆自己的账户和这些联盟之间的对应关系，因为没有一个可以适用于所有机构的账户。一旦用户想要注销某个账户，那与之相关的所有登录信息都会丢失。

（3）分布式数字身份模式。在区块链技术的影响下，出现了一种新的数字身份模式即分布式数字身份。该模式不再依赖中心化或联盟化的身份提供商，将数字身份标识化并借助分布式的网络进行管理，使得用户身份由托管走向自主管理。随着这种模式的普及，其名称也逐渐变成自主管理身份。

2. 数字身份标识化

如前文所述，将数字身份标识化并借助分布式网络进行管理，用户数字身份的注册、验证、授权不再依赖中心化平台，而是让身份数据掌控在用户手中。就像每个网站拥有唯一确定的统一资源标识符（Uniform Resource Identifier，URI），用户的数字身份也需要进行标识化，这样用户通过验证其持有的分布式数字身份标识，就能获得相应的权限。同时由于用户身份标识的全局唯一性，用户在数字世界的行为就具备了可追溯性。此外，用户可以同时拥有多个身份标识，以便在不同应用场景下使用。

（三）自主管理身份的业务逻辑和关键技术

Web3.0 数字身份协议的业务逻辑如图 2-7 所示，涉及区块链、分布式标识、密码学、可验证凭证等技术。

为了能够更好地理解这些技术与自主管理身份间的关系，这里先对公钥基础设施和分布式公钥基础设施进行介绍。

公钥基础设施（Public Key Infrastructure，PKI）是一种基于公钥密码学的体系结构，用于生成、分发、存储和撤销用户数字证书，以实现公钥的认证和信任。公钥基础设施由一组相互关联的组件和协议组成，包括证书颁发机构（Certification Authority，CA）、注册机构（Registration Authority，RA）、证书撤销列表（Certificate Revocation List，CRL）、数字证书及相关的协议和标准等。公钥基础设施是被国际广泛接受的信息安全系统，用于确保数据的认证、加密和数字签名等安全支持，目标是提供安全、可信和可靠的身份验证和加密通信。

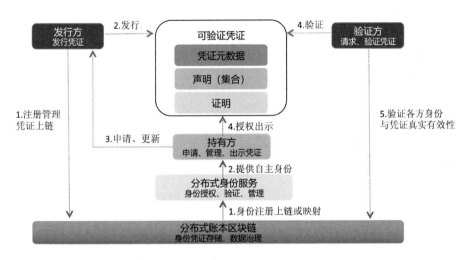

图 2-7　数字身份协议业务逻辑

资料来源：中国信息通信研究院：《全球 Web3 技术产业生态发展报告（2022 年）》，2022 年版。

分布式公钥基础设施（Decentralized Public Key Infrastructure，DPKI），即去中心化公钥基础设施，是一种新型的公钥基础设施模型。分布式公钥基础设施通过去中心化的方式实现公钥的管理和信任。分布式公钥基础设施借助分布式账本技术（如区块链）或其他去中心化技术，将公钥和身份信息分散存储在多个节点上，并使用共识算法和协议来确保公钥的可信性和一致性。在业务流程方面，分布式公钥基础设施与公钥基础设施并无明显区别。用户首先需提供相关信息并发起申请，然后由认证机构审核信息并颁发证书，最后用户出示证书完成验证。所以，虽然分布式公钥基础设施是公钥基础设施的演进，但并不是完全否定了公钥基础设施，而是在其基础上进行的改进。分布式公钥基础设施与公钥基础设施不同之处在于，分布式公钥基础设施的目标是提供自主控制的公钥管理框架，强调用户身份的自主可控、身份可移植和分布式认证，不依赖单一的中心化权威机构。

随着区块链等技术的发展，越来越多的应用需要一种去中心化的身份验证和信任机制，所以分布式公钥基础设施是未来信任网络的发展趋势。针对分布式公钥基础设施的研究，去中心化身份（Decentralized Identity，DID）应运而生。在 Web3.0 自主管理身份中，DID 的作用很关键。

DID 是一种数字身份框架，允许个人、组织或设备拥有自主控制的、可验证的数字身份。DID 即通过使用分布式标识方法和基于分布式账本技术（如区块链）的机制，为参与者分配唯一且可验证的标识符，用于在分布式环境中唯一标识和验证身份。

DID 相比传统的数字身份存在很多优势。DID 基于区块链技术，避免了用户身份数据被单一的中心化机构控制。其基于分布式公钥基础设施，用户能自主管理自己的数字身份，即决定与谁共享数据以及谁可以访问他们的数据。由于在 DID 中，用户身份的相关数据锚定在区块链上，所以认证的过程不需要依赖于提供身份的应用方。传统的数字身份通常与特定的服务提供者或平台绑定，难以在不同环境和场景中无缝移植和重用。而 DID 技术实现的去中心化身份具有较高的可移植性，用户可以在不同的服务提供者和应用之间无缝使用和共享身份信息。除此之外，一个用户可以拥有多个 DID。拥有多个 DID 使实体能够更好地管理和控制其不同身份的使用和披露。每个 DID 都可以与不同的数据、凭证和权限相关联，用户可以选择在何时使用哪个 DID 来确保适当的身份验证和数据访问控制。

DID 标准在不断发展和完善中，目前很多组织或社区都在推进 DID 的标准化工作，这里对万维网联盟（World Wide Web Consortium，W3C）提出的 DID 标准进行介绍。DID 体系结构和其组件之间的关系如图 2-8 所示。

DID 是一种去中心化的标识符，用于唯一标识某个实体（DID Subject）。每个 DID 都与一个 DID 文档（DID Document）相关联，DID 文档是描述有关该实体的数据集，包括验证 DID 控制人权限的方法。例如，它指定哪些 DID 可以修改相关联的 DID 文档，以及用于认证这些 DID 的方法等。

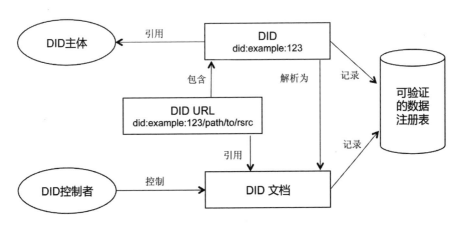

图 2-8　DID 体系结构及其组件之间的关系

资料来源：https://www.w3.org/TR/did-core/。

可验证的数据注册表是 DID 的数据注册地，它可以是分布式文件存储系统或区块链网络等，例如 Ontology。该注册地用于存储与 DID 相关的数据和信息，以便进行验证和访问控制。它充当一个安全和可信的存储和检索系统，确保与特定 DID 关联的信息的完整性和可验证性。

接下来对部分组件进行详细介绍。

1.DID 标识符

DID URL 即去中心化标识符统一资源定位器，是一种用于定位和访问去中心化标识资源的统一资源定位符（Uniform Resource Locator，URL）格式，简单来说就是定位和该 DID 相关的网络资源。DID URL 由以下几个组成部分构成：（1）DID 标识符，用于唯一标识一个去中心化标识资源。（2）路径，表示相对于基本 DID 的位置，指定了要访问的特定资源。（3）查询字符串，该部分是可选的，用于提供关于资源的附加参数或信息。（4）片段，该部分也是可选的，用于指定资源中的特定部分或位置。

其中 DID 标识符可以简单理解为一个拥有特定格式的字符串，它可以全局标识用户身份，就像现实世界中的身份证号码一样。DID 标识符组成包括 3 个部分，如图 2-9 所示。

前缀

did:example:123456789abcdefghijk

DID 方法　　　　　**DID 方法特定字符串**

图 2-9　DID 标识符

前缀 did 表示这是一个 DID 标识字符串。中间一部分是 DID 方法，是一种特定的标识方法，用于定义和支持 DID 的创建、解析、更新和停用。不同的 DID 方法可以使用不同的技术和协议来实现 DID 的去中心化存储和验证，可以自定义，例如，"did:example" 是使用以太坊区块链作为基础的 DID 方法。最后一部分是 DID 方法特定字符串，它由 DID 方法定义，并且可以根据需要包含特定的信息。例如，在 "did:example:123456789abcdefghijk" 中，DID 方法特定字符串是以太坊地址。

每个 DID 标识符都对应了一个 DID 文档，与 DID 标识符形成一个"键值对"，即 DID 标识符作为 Key，DID 文档作为 Value。DID 文档用于描述和

```
{
  "@context": [
    "https://www.w3.org/ns/did/v1",
    "https://w3id.org/security/suites/ed25519-2020/v1"
  ]
  "id": "did:example:123456789abcdefghi",
  "authentication": [{
    // used to authenticate as did:...fghi
    "id": "did:example:123456789abcdefghi#keys-1",
    "type": "Ed25519VerificationKey2020",
    "controller": "did:example:123456789abcdefghi",
    "publicKeyMultibase": "zH3C2AVvLMv6gmMNam3uVAjZpfkcJCwDwnZn6z3wXmqPV"
  }]
}
```

图 2-10　DID 文档示例

存储与该 DID 相关的各种元数据和公开信息，它通常是以 JSON-LD（JSON Linked Data）格式表示，这里给出一个 DID 文档示例，如图 2-10 所示。

其中，"context"指定了 DID 文档中使用的术语和定义的上下文环境，"id"就是与其对应的 DID 标识符，"authentication"指定了用于验证该 DID 所有者身份的方法和材料，通常是公钥或其他加密验证方式。"publicKey"用于数字签名及其他加密操作，这些操作是实现身份验证以及与服务端点建立安全通信等目的的基础。

2. 可验证凭证

可验证凭证（VC）可以通过 DID 进行标识，并能够给另一个 DID 的某些属性做背书，也就是能够对另一个 DID 的某些属性进行描述说明，并附加自己的数字签名，用以证明这些属性的真实性，可认为是一种数字证书。

为了更好地理解可验证凭证，可将其与人们用来确认身份的物理凭证（如驾驶执照、社会保障卡和学位证书等）进行类比。可验证凭证则是这些物理凭证的数字化版本，由用户控制并在数字环境中用于确认身份。即可验证凭证是一种数字身份证明，用于证实个人在网络上的身份。它们可以包含个人的各种身份信息，如姓名、性别、出生日期、家庭住址等。用户拥有完全控制权，可以选择何时使用和分享这些凭证。通过可验证凭证，个人可以在数字环境中安全地验证自己的身份，而无须依赖第三方的验证机构。可验证凭证的引入使得身份验证过程更加方便、安全和去中心化。用户可以轻松地管理自己的凭证，通过密码学技术和数字签名确保凭证的真实性和不可篡改性。这为用户在数字世界中进行各种交互和交易提供了更高的信任和安全性。可验证凭证的组成如图 2-11 所示。

图 2-11　可验证凭证组成

凭证元数据是与整个凭证相关的附加信息，用于描述凭证本身的属性。它包括关于凭证的唯一标识符、颁发日期、过期日期、发行方信息、凭证类型等。凭证元数据提供了对凭证的上下文理解和管理，帮助验证方对凭证进行适当的处理和验证。

声明或声明集合是可验证凭证中最重要的组成部分，表述了该凭证证明的信息，它包含了关于主体（凭证的持有方）的陈述性信息或属性。声明可以涵盖各种类型的信息，如个人身份信息、学历记录、就业历史、健康状况等。每个声明通常由一个属性名称和对应的属性值组成。凭证可以包含一个或多个声明，形成声明集合。声明的真实性和准确性对于验证凭证的有效性至关重要。

证明是可验证凭证的核心组成部分，用于验证凭证的真实性和完整性。证明包括数字签名和相关的密码学证明，由凭证的发行方使用其私钥生成。数字签名确保凭证在发行后不会被篡改，并确保验证者可以验证凭证的来源和真实性。验证方可以使用发行方的公钥来验证凭证的签名，并确保凭证是由可信的发行者颁发的。

传统的公钥基础设施数字证书体系需要 CA[①] 来颁发，而在 DID 中则分为发行方、持有方、验证方和可验证数据注册表，可验证凭证在各个角色中的交换如图 2-12 所示。

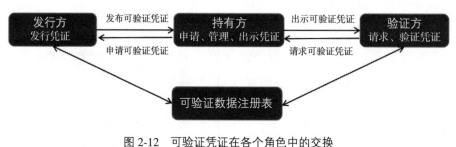

图 2-12   可验证凭证在各个角色中的交换

---

① CA 是负责签发证书、认证证书、管理已颁发证书的机构，它是公钥基础设施的核心。

发行方创建或签发可验证凭证，然后将其传送给凭证持有方。发行方可以是一个组织、机构，也可以是个人或者实物。发行方实际上是对即将持有凭证的凭证持有方的公钥创建凭证，并用自己的私钥来进行数字签名。所以，当凭证持有方出示凭证时，需要采用数字签名的方法来证明自己的确是这个凭证的拥有者。举一个现实的例子，大学的毕业证书可以作为我们的一个凭证，而这个凭证的发行方就是大学。

持有方可向发行方请求可验证凭证，然后将其保存在持有方的数字钱包。凭证描述了持有方的特定属性或认证信息。持有方可在验证方提出请求时提供凭证来表明自己的身份。比如毕业证书的持有方就是我们本人，求职时可向企业出示我们的毕业证书。

验证方可对凭证的真实性和有效性进行验证。验证方可以是服务提供商、机构或任何需要验证凭证的实体。验证方可要求持有方提供可验证凭证。如我们入职公司时需要提供大学毕业证书，公司的人力资源部就是验证方。

可验证数据注册表是系统角色，用于维护需要被上述角色使用和验证的数据，主要为标识符、标识符关联密钥、可验证凭证模板、凭证撤销注册表、发行凭证的公钥等。它的实现方式可以是分布式账本，如区块链。

3. 可验证表达

通常情况下，用户可以直接向验证方展示完整的可验证凭证。但在某些情况下，为了保护隐私，用户可能不需要披露整个可验证凭证的内容，而是选择性地展示特定属性，或者干脆不披露任何属性，只需证明某个声明的真实性即可。可验证表达（VP）的作用就是如此。比如在某些情况下我们需要向对方证明我们的年龄，我们可以直接出示身份证，但是身份证上包含了太多个人的隐私信息，如家庭住址等，这个时候我们只希望出示我们的年龄信息。

可验证表达可以理解为可对外展示的可验证凭证，通常包含三个部分：

图 2-13   可验证表达组成

元数据、可验证凭证（集合）和证明，如图 2-13 所示。元数据提供了关于可验证表达本身的信息，例如颁发时间、过期时间等。可验证凭证（集合）是包含要对外展示的可验证凭证。证明是可验证表达的核心部分，包括数字签名、加密哈希等加密技术，以确保数据的完整性、可验证性和安全性。通过这些组成部分，可验证表达提供了一种可验证的方式来呈现数据凭证，允许选择性披露、验证和验证数据的声明，以满足隐私和安全需求。

二、数字资产：价值

Web3.0 通过将数字对象转化为数字资产，使数字对象具有经济价值。通过推动数字对象资产化、要素化，广泛参与生产生活场景，促进资产交易流通，从而产生价值。接下来本书将分别介绍数字对象资产化的内涵和意义、业务逻辑和关键技术、表达形式，以及交易服务的类型。

（一）内涵和意义

数字对象是指以数字形式存在或表示的实体。数字形式可以是整数、小数、分数、复数等数值形式，也可以是数字编码或符号，如二进制、十进制、美国信息交换标准代码（ASCII 码）等。这些数字对象可以通过计算机或其他数字化系统进行操作、传输和存储，以实现各种数值计算和数据处理任务。在经济学中，资产是指由于过去的交易、事项形成并由企业拥有或者控制的资源，该资源预期会给企业带来经济利益。数字资产的概念最早出现于出版、音像等领域。当书籍、音乐和视频等出版物转化为二进制形式发布以后，方便进行分发和计量，版权所有者将此种形式的文件称为"数字资产"。随着互联网技术的发展，"数字"对经济社会的影响也越来越大，数字资产的范畴也随之扩大。从广义上看，数字资产泛指一切以二进制（数字）形式创建、交易和存储的资产。而区块链技术出现后，不同形式的区块链数字资产，如加密货币，已经成为一种新型的数字资产。数字资产可定义为通过分布式账本（区块链）或类似技术发行或表示的、具备可交易或转让性质的通证。基于区块链技术可将数字资产分为两类，一种是同质化通证（Fungible Token，FT），如比特币、以太币，是区块链的原生资产；另一种是非同质化通证（Non-Fungible Token，NFT），其常用于数字藏品领域。

简单来说，数字对象资产化就是将数字对象转化为数字资产的过程，使数字对象成为一种具有经济价值和可交易性的资产形式。目前来看，将数字对象资产化有两种发展路径：一种是将数字原生对象（在数字环境中原始存在或产生的对象，没有与之对应的物理形态）资产化，如利用区块链技术和密码学技术生成同质化通证，或基于智能合约发行的非同质化通证；另一种是将物理资产表示为数字权益，这能够提升资产的流通性和配置效率，推动数字资产应用的创新。

为什么要对数字对象资产化？随着数字化和信息化的发展，数据流通已经成为现代社会中不可或缺的一部分，只有使数据流通起来才能促进信息共享、推动决策和创新，提高效率和效益，才能推动数字经济发展。而数字对象资产化是推动数据流通建立市场机制进行优化配置的基础。通过数字对象资产化，数据可以以具体的数字资产形式存在，具备可交易和转让性质。这为数据的共享和流通提供了条件，使得数据可以更加自由地在市场中流动，也使得数据的创造者或所有者能够通过交易和转让获得经济回报，这为数据的创造和采集提供了经济激励，促进了数据的积极生产。数字对象资产化也使得数据要素能够以资产的形式进行市场配置。不同的市场参与者可以根据自身需求和价值判断，通过交易和购买数据资产来获取所需的数据要素，实现数据要素的有效配置和利用，促进数字经济的发展创新。

（二）业务逻辑和关键技术

数字资产的业务逻辑如图 2-14 所示，涉及分布式账本（区块链）、智能合约、通证发行、通证交易平台、标准协议等。整个业务逻辑基于区块链分布式账本，其为通证的发行、交易和流通提供了安全可信的环境。在区块链之上的通证协议如 ERC–20、ERC–721 等，定义了一组规范和接口，而通证（简单理解为数字化的使用权凭证）是通过智能合约来创建和管理的，开发人员可以通过编写符合这些协议标准的智能合约来创建通证。智能合约定义了整个网络可用通证的总供应量，以及余额查询、通证从一个账户转移到另一个账户、获取通证使用权等操作，并能够在满足条件的情况下自动执行，极大地提高了数字资产的发行、交易和流通效率。基于区块链和通证发行平台完成数字资产的确权和定价。交易协议同样是在区块链技术基础上建立的一套规则和协议，用于实现在去中心化网络上进行交易的机制和流程。这些协议定义了参与者之间交易的规则、验证机制、交易的执行和记录方式等，

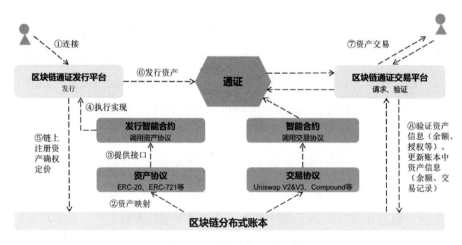

图 2-14　数字资产业务逻辑

资料来源：中国信息通信研究院：《全球 Web3 技术产业生态发展报告（2022 年）》，2022 年版。

比如 Uniswap V2&V3[①]、Compound[②] 等，通过调用这些协议创建智能合约来实现交易协议的具体逻辑和功能。通证发行平台和通证交易平台可为用户提供友好的交互界面，降低参与门槛。

通过使用区块链和通证发行平台，创作者可以将其作品（如文本、图片、音频、视频等）转化为 NFT，并在区块链上进行确权和定价。这意味着每个 NFT 都代表着特定的数字资产，并记录了其使用权和交易历史等信息。因此，这些多模态数据（文本、图片、音频、视频）的确权过程主要涉及区块链、智能合约、密码学等技术。

对于文本数据的确权，文本数据的数字化通常是将其转换为电子文档的形式，例如 TXT 文件、PDF 文件等。对于图片数据的确权，图片数据的数字化一般是将其转换为常见的图片格式，例如 JPEG、PNG 等。然后通过智能合约发行一个通证，该通证将代表文本数据或图片数据的所有权、使用权等。利用通证发行平台提供的验证机制，确保只有合法的持有者才可以访问和转移数据的使用权。持有者可以通过私钥进行验证，并使用智能合约执行使用权转移交易。同时，将数据的相关元数据（如文本标题、作者、创建日期，以及图片的拍摄时间、地点、摄影师等）存储在区块链或其他分布式文件存储系统中，以便确保数据的可靠性和可审计性。

对于音频或视频数据的确权与上述两种模态数据的确权过程大同小异，首先将音频或视频数据进行数字化，比如音频，通常是将其转换为常见的音频格式（如 MP3 等），并与相关的元数据进行关联。然后将音频或视频数据表示为一个通证（通常是 NFT）。NFT 包含音频或视频的核心数据和权属信息，并以数字形式存在于区块链上。通过智能合约，在区块链上铸造 NFT，并将音频或视频数据与 NFT 进行关联。这意味着 NFT 成为这些数据的唯一

---

① Uniswap V2 是基于以太坊区块链的去中心化交易协议，Uniswap V3 是 Uniswap 协议的 2021 年版本。

② Compound 是构建在以太坊区块链上的一个去中心化的借贷协议。

标识和使用权证明。音频或视频数据可以存储在去中心化的存储系统中，如星际文件系统，以确保数据的冗余性和可靠性。区块链上的链接可以用于定位和获取视频数据。

（三）表达形式：同质化通证与非同质化通证

目前基于区块链的数字资产有两种表达形式：同质化通证（FT）和非同质化通证（NFT）。为了更好理解这两个概念，我们首先来看什么是同质化和非同质化。

1. 同质化和非同质化

在经济学中，同质化是指一单位的某种物品等价于一单位的另一物品，比如我们去超市买某一品牌的可乐，从冰柜中随便拿出一瓶，对于我们而言，这些可乐之间是没有区别的。而非同质化则与之相反，物品之间不可以直接互换，或者说无法给物品之间定义一个兑换关系，如图 2-15 所示。

图 2-15　同质化与非同质化

2. 同质化通证

"通证"可以简单理解为在区块链中的一种数字化的权益凭证。所以什么是同质化通证和非同质化通证呢？比特币、以太币等长期以来交易的加密资产大多是同质化通证，在交易转账过程中，这些通证之间可以互换，即只需要关注这些通证的数量。同质化通证能够被无限拆分且无法区分，比如一个比特币可以换一个比特币，这与一克黄金可以兑换一克黄金是一样的道理。

3. 非同质化通证

同质化通证使用起来十分方便，但无法替代现实生活中具有实际价值的事物，如一幅艺术画作、房屋产权、公证证书等。所以就出现了非同质化通证。简单来看，非同质化通证代表着某样东西的使用权。接下来对非同质化通证进行详细的解释。首先，非同质化意味着一个通证在某种程度上是独一无二的，没有其他与其完全相同的东西，就像真正的《蒙娜丽莎》绘画只有一幅一样。其次，代表使用权意味着出售非同质化通证也在出售它所代表的"真实物品"。最后，非同质化通证可以代表任何东西，可以是物理物品（如房屋），也可以是原生数字资产（如加密艺术品），甚至是思想（比如知识产权）。

非同质化通证（以下使用 NFT）的本质是一种特殊的、具有稀缺性的链上数字资产，它通过智能合约实现使用权的转移，并通过区块链记录整个使用权转移过程。所以，NFT 是一种建立在区块链技术之上的加密数字权益证明，具有不可复制、不可篡改和不可分割的特性。它可以被视为去中心化的"虚拟资产或实物资产的数字使用权证书"，能够代表艺术作品、音乐、视频、游戏道具、文件等各种形式的独特数字资料，与现实世界中的实际事物密切相关。通过 NFT，数字内容可以获得独特身份和使用权，创作者和持有者可以证明其拥有独一无二的资产，并在区块链上进行交易和转让，为数字资产创造了新的市场和价值。

（1）NFT 的性质。区块链赋予了 NFT 许多重要的性质：①防篡改性。区块链确保 NFT 的元数据和每一次的交易记录都无法被篡改。②可追溯性。基于区块链的存储功能，NFT 及其通证元数据和使用权信息能够进行信息溯源。③去中心化。区块链平台是去中心化的，这意味着 NFT 的发行和交易可以在无须第三方机构的情况下进行，增加了透明度和可信度。④可编程性。区块链平台支持智能合约技术，使得 NFT 具备了更多的功能和交互性。通过智能合约，可以定义 NFT 的行为和属性，实现自动化的交易和逻辑，例如分红、授权访问等。

（2）NFT 的使用过程。NFT 使用中涉及发行者、持有者和验证者三种角色，如图 2-16 所示。

图 2-16　NFT 的三种角色

发行者创建（"铸造"）NFT 并将其分发给持有者的一方。发行者是 NFT 的原始来源。例如，一位艺术家将她的艺术品铸造成 NFT，并将其转让给买家。持有者是从他人（可能是原始的发行者，也可能是转让之后 NFT 的持有者）那里接收 NFT。验证者验证持有者的 NFT 权益信息，以便提供对信息、服务、产品或其他利益的访问。

（3）NFT 的核心要素。NFT 的核心要素如图 2-17 所示。NFT 的底层协议标准是为了定义和规范化NFT的创建、发行、交易和持有等方面的技术标准。这些协议标准确保了不同NFT发行平台之间的互操作性和兼容性，使得NFT 能够在不同平台上被识别、交易和转移。底层协议标准还定义了 NFT 的唯一性和不可互换性，确保每个 NFT 都有独特的身份和属性，使其在数字资产领域具有独特的价值和特征。常见的底层协议标准包括 ERC–721、ERC–1155、ERC–998 等。区块链平台为 NFT 提供了安全、透明、可编程和去中心化的环境，NFT 区块链平台包括公链和侧链，NFT 主要公链包括以太

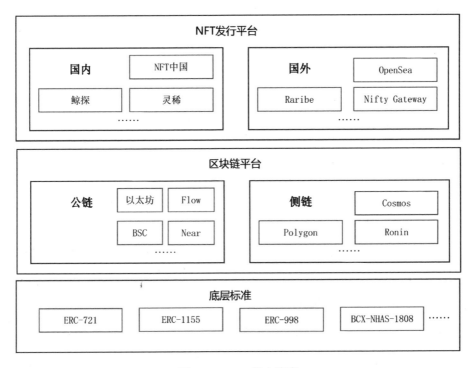

图 2-17　NFT 核心要素

坊、FLOW、BSC、NEAR 等，NFT 主要侧链包括 Polygon、Ronin 等。NFT
发行平台是提供 NFT 发行、交易等服务的平台。根据其所在地，NFT 发行
平台可划分为国内市场和国外市场。国内的 NFT 发行平台可大致分为两类：
一类是基于互联网大厂构建的联盟链，这些 NFT 主要侧重于收藏功能，例
如鲸探（原蚂蚁粉丝粒，蚂蚁集团旗下）等；另一类是相对于大厂来说的小
平台，比如 NFT 中国。国外主流 NFT 大多基于公链发行，比如 OpenSea 等。

（4）NFT 的核心价值。NFT 的核心价值在于以下几个方面：一是使数
字内容资产化。在传统的互联网下，我们仅拥有数字内容的使用权，无法真
正使数字内容成为我们的资产。NFT 的出现拓宽了数字资产的边界，任何
一种独特性资产都可以被铸成 NFT，无论是股票、房地产等实体资产，还
是各式各样的数字内容，如图片、音视频、游戏道具等，这提高了数字内容

的可交易性。二是 NFT 依托区块链技术能够保证资产的唯一性、真实性和永久性，能够厘清所有者和使用者之间的关系，有效解决确权问题。这有三个好处，首先，去中心化储存保证了资产永久性存在，不会因中心化平台停止运营而消失；其次，为知识产权保护提供了新思路；最后，能够提高资产交易效率和降低交易成本（如收藏品真伪的鉴定成本），增强资产的流动性，吸引更多数字资产的买家进行交易活动。三是去中心化的交易模式在一定程度上可以提高内容创作者的商业地位，减少中心化平台的抽佣分成。通过 NFT 内嵌的智能合约，创作者能从后续的流转中获得持续的版税收益。以 OpenSea 为例，NFT 创作者最高可设立 10%的版税费用。

（5）NFT 的应用领域。目前 NFT 的主要应用领域包括收藏品、艺术和游戏等。NFT 与收藏品的特征不谋而合，NFT 收藏品构建了一个完全防伪并可溯源的极安全模式，大幅减低了传统收藏品市场一直存在的高信任门槛问题，已经在收藏品领域应用的 NFT 项目包括 CryptoKitties、Avastars、Blockchain Cuties Universe 等，"收藏"是 NFT 行业的核心。NFT 在艺术领域的发展已经取得了不错的成果，越来越多的艺术家进入 NFT 领域，将他们的作品打造成 NFT，而不再只发布于传统的互联网上，目前在艺术领域实现的 NFT 项目包括 MakersPlace、SuperRare、KnownOrigin 等。NFT 在游戏领域的应用非常广泛。游戏开发者可以利用 NFT 为游戏中的虚拟物品（如道具、装备、角色）赋予真实世界中的稀缺性和使用权概念，玩家可以购买、拥有和交易这些虚拟资产，已经在游戏领域应用 NFT 的项目包括 Axie Infinity、Neon District、My Crypto Heroes、Ethermon 等。除此之外，NFT 还应用在元宇宙、应用程序、体育运动、去中心化金融等领域。

总而言之，NFT 允许我们通过以数字格式编码任何类型的资产。因此，在任何需要对使用权进行数字建模的地方都可以找到 NFT 用例，NFT 可能是构建数字世界最重要的模块之一。

4.同质化通证和非同质化通证的区别

表 2-1　同质化通证与非同质化通证的区别

同质化通证	非同质化通证
可互换性：FT 可与同种 FT 进行互换，如一个比特币可与其他比特币互换，不影响价值	不可互换性：NFT 不可与同种 NFT 进行互换
可分性：FT 可分为更小单元，保证价值同等即可，如 1 美元可以换成 2 个 50 美分或 4 个 25 美分	不可分性：NFT 不可分割，每个 NFT 数据都通过智能合约存储在区块链上，每个通证都拥有固定的信息，基本单元就是一个通证，不可分割成更小的面额
统一性：所有同种 FT 规格相同，通证之间相同	独特性：每个 NFT 都是独一无二的，与同种的 NFT 各不相同
方便性：FT 易于拆分和交换	防盗性：每个通证具有独特性，应用场景多种多样，如游戏、知识产权、实体资产、身份证明、金融文书、票务等
基于 ERC–20 等以太坊协议标准	基于 ERC–721 等以太坊协议标准

如表 2-1 所示，FT 和 NFT 在发行时基于不同的协议标准，这也是导致它们存在不同的重要原因。FT 基于 ERC–20 等以太坊协议标准，这个协议是以太坊区块链较早的、比较流行的通证规则协议。如果两种通证都是基于 ERC–20 协议发行的，则这两者之间可以进行互换。相比 ERC–20，ERC–721 协议功能更多且技术更先进。该协议是以太坊针对不可互换通证的 NFT 数字资产的第一个标准，加密猫（CryptoKitties）是采用以太坊上非同质化通证标准 ERC–721 的第一个项目，该项目允许玩家在区块链上领养、喂养、交易虚拟猫，并跟踪区块中单个通证的使用权及其转移，加密猫的出现使 NFT 成为主流。

（四）交易服务：中心化交易所和非中心化交易所

交易所为用户提供交易服务，允许用户买入或卖出各种数字资产。目前数字资产的交易所主要有两种类型：中心化交易所（Centralized Exchange，CEX）和非中心化交易所（Decentralized Exchange，DEX）。

1. 中心化交易所的优劣

中心化交易所是一种集中式的交易所。在中心化交易所中，用户将其数字资产存入交易所的平台，由交易所集中保管和控制。如果用户需要进行交易，首先要向交易所提交交易指令，然后由交易所进行撮合，与该平台上的其他用户进行交易，并将交易结果返回给用户。交易所会收取一定的手续费。流行的中心化交易所有 Coinbase、Crypto.com、Gemini 和 Binance。

中心化交易所的优势可以总结为以下几点。

（1）高流动性。流动性是指资产转换为现金或其他加密货币的能力。由于中心化交易所能够聚集大量的交易用户，用户可以很容易地在平台上找到与自己需求匹配的用户，然后直接交易，快速成交买卖订单，所以中心化交易所通常具有较高的交易流动性。

（2）快速交易。中心化交易所通常能够提供快速的交易执行和确认时间，帮助交易用户快速响应市场变化并作出反应，因为交易是在交易所的中心化服务器上进行的，每秒可以处理数千个订单，几乎可以实时地处理每笔交易。

（3）用户界面友好。中心化交易所一般提供用户友好的交易界面，这对于非技术人员来说会很容易理解，用户可以方便地进行买卖操作、查看市场行情和管理自己的账户。同时中心化交易所通常会提供高级交易功能和图表分析工具，方便用户进行更复杂的交易策略。

（4）支持法定货币。一些中心化交易所支持用户使用法定货币（如美元）进行充值和提款操作，使用户能够直接将数字资产与法定货币进行交易。

但中心化交易所也存在如下一些问题。

（1）安全风险更高。用户将其资金交给中心化交易所，存储在交易所平台中心化的数据库中，持有用户加密货币的私钥，用户无法掌控自己的资产。这导致中心化交易所容易吸引黑客的攻击，他们会通过各种方法寻找能够入侵中心化交易所的漏洞，给用户带来巨大损失。比如 Mt. Gox，这是最早的比特币交易所之一，在 2014 年经历了巨大的安全漏洞，导致大量比特币被盗。该事件被认为是加密货币交易所历史上最大规模的安全事故之一。2016 年，Bitfinex 遭受了黑客攻击，导致超过 12 万个比特币被盗。

（2）用户隐私受到威胁。由于中心化交易所受监管机构、第三方提供商和法律法规的控制，为了防止发生非法的交易活动，中心化交易所会要求用户完成实名认证，这可能会对用户的隐私造成威胁。

（3）单点故障。由于中心化交易所是中心化的实体运营和管理，所以存在单点故障的风险。如果交易所发生故障、停机或被黑客攻击，用户可能无法访问或操作自己的资产。

2. 非中心化交易所 VS 中心化交易所

而非中心化交易所能够很好地解决中心化交易所中存在的问题。非中心化交易所是基于区块链技术的交易平台，它不再将用户资金和个人数据存储在中心化的服务器上，用户能完全掌控自己的资金。与传统的中心化交易所不同，非中心化交易所不依赖中心化的实体来处理交易，而是通过智能合约在区块链上自动执行交易，即无须中介，可实现点对点的交易。流行的非中心化交易所包括 Uniswap、SushiSwap[1]、PancakeSwap[2]、Compound 和 Curve Finance[3] 等。非中心化交易所的优势很明显：非中心化交易所不会存储用户的资产，用户在非中心化交易所进行交易时可以完全控制自己的私

---

① SushiSwap 是一个基于以太坊区块链的去中心化交易平台，基于 Uniswap 的代码进行改进和扩展，旨在提供更多的交易选择和奖励机会。

② PancakeSwap 是一个基于 Binance 智能链（BSC）的去中心化交易平台，由于其在 Binance 智能链上运行，所以交易速度更快，成本更低。

③ Curve Finance 是一个以太坊区块链上的去中心化交易平台，专注于加密货币之间的稳定币交易。

钥，进而控制他们的资产，因此减少了受到黑客攻击的风险。与中心化交易所相比，非中心化交易所的交易过程是公开和透明的，交易记录在区块链上，任何人都可以验证和审查，这也提高了交易的透明度和信任度。非中心化交易所通常不需要用户进行身份验证，用户可以在不暴露个人身份的情况下进行交易，提供了更好的身份隐私保护。但由于非中心化交易所是基于区块链构建的，交易发生在区块链上，且交易内容被记录在区块链上，所以会导致交易速度变慢，用户体验感变差。由于交易者数量较少，导致流动性降低。尽管如此，非中心化交易所的技术和协议正在不断改进，其性能和用户的体验感不断提升。

表 2-2　中心化交易所与非中心化交易所的区别

	中心化交易所（CEX）	非中心化交易所（DEX）
中心化 vs 去中心化	中心化管理资产	基于区块链技术，用户管理资产
资产风险	更容易吸引黑客的攻击，造成大量用户资产受到威胁	资产掌控在用户手中，若某个用户的资产受到威胁，不会影响其他用户的资产
资产控制权	用户资产由平台掌控，平台拥有对用户资产的绝对控制权	用户资产完全由自己掌控
交易速度	交易发生在中心化服务器上，成交速度快	交易发生在区块链上，成交速度慢
交易透明度	交易透明度低	交易透明度高
流动性	高	差
操作复杂度	操作步骤简单，使用门槛低	操作更复杂，用户需要拥有数字钱包，了解智能合约技术

由表 2-2 可知，虽然非中心化交易所的用户体验感较差，交易速度慢，但是其优势也更加明显，能够大幅度降低用户资金风险，用户能够完全掌控自己的资产。虽然目前中心化交易所仍然占据主导地位，但随着技术的不断更新迭代，非中心化交易所的技术将越来越成熟，其未来的发展趋势备受关注。

三、赋能数据流通：价值流动

Web3.0 能够赋能数据流通，帮助解决数据流通中存在的问题，促进数据的价值流动。接下来本书将对数据流通的内涵和意义、业务逻辑和关键技术进行介绍。

（一）内涵和意义

数据已经成为大国竞争的重要战略资源。在这个背景下，各国纷纷制定和实施数据战略来推动数据的管理、利用和价值创造。美国《联邦数据战略》旨在提高数据可用性、可互操作性和安全性，推动数据驱动决策和创新，并促进数据共享和合作。《欧盟数据战略》提出要构建欧洲数字空间，打造欧洲一体化数据市场。欧盟致力于建立一个统一的数据市场，消除数据壁垒，促进数据的自由流动和共享，以推动欧洲数字经济的发展和创新能力的提升。

我国高度重视数据要素市场培育。2020 年 4 月，中共中央、国务院印发《关于构建更加完善的要素市场化配置体制机制的意见》，这是中央首次将数据和土地、劳动力、资本、技术等传统生产要素并列。习近平总书记指出，要构建以数据为关键要素的数字经济。[①] 这意味着我国将数据视为经济发展的重要资源和支撑。通过培育数据要素市场，激发数据创新、促进数据的流通和价值实现，推动数字经济的快速发展。2023 年 3 月，十四届全国人大一次会议公布了《国务院关于提请审议国务院机构改革方案的议案》，其中特别提出要组建国家数据局。这是以习近平同志为核心的党中央从全局和战略高度作出的重大决策。2023 年 10 月，国家数据局在北京正式挂牌。国家数据局的设立将进一步加强对数据的管理和监管，推动数据的合规、安

---

① 《习近平著作选读》第二卷，人民出版社 2023 年版，第 535 页。

全和创新应用，为我国数字经济的发展提供强有力的支持和保障。

综上可见，数据在现代社会中的重要地位和战略价值。数据呈现非竞争性的特点，非竞争性是指数据的价值并不会因重复使用而受到减损，数据的高价值性也表明数据的价值需要通过不断的使用才能被真正地挖掘出来。想要发挥数据的价值，关键在于促进数据流通。所谓数据流通，从概念上来看是指数据在不同的环境、系统或参与者之间的传输、交换和共享过程。它涉及将数据从一个地点或来源传送到另一个地点或目标，并使数据能够被适当的人或系统访问和使用。数据的价值可以在流通后再次得到应用，从而产生更多的应用价值。数据流通使数据脱离了原有使用场景，变更了使用目的，从数据产生端转移至其他数据应用端，优化了资源配置，成为释放数据价值的重要环节。所以数据流通可以被定义为某些信息系统中存储的数据作为流通对象，按照一定规则从供应方传递到需求方的过程。

无论是政府、企业还是个人，都对数据流通有很强烈的需求。数据流通可以为政府、企业和组织提供更全面、准确的信息基础，支持战略决策和创新。通过数据流通，不同机构和部门可以共享数据，进行数据分析和洞察，为决策制定和创新提供支持。企业可以获取更多的市场洞察和客户见解，优化产品和服务，提高效率和生产力。对于个人来说，数据流通使人们可以更方便地访问和管理自己的数据，享受个性化的服务和体验。

数据流通是数据资源成为数据资产的必要条件。在行业应用层面，有价值的数据资源可以形成有价值的基于数据的行业应用。数据流通是实现这一目标的关键，它能够促进更多行业应用程序使用更多外部数据资源，从而实现更高的应用价值。高效、公开、公平的流通环境将使数据资源的商品化属性得以呈现，最终形成市场化的数据价值评估体系，使数据资源到数据资产的转变成为可能。[①]

---

① 　中国信息通信研究院：《数据流通关键技术白皮书（1.0）》，2018 年版。

（二）业务逻辑和关键技术

1. 数据流通分类

数据流通按照数据与资金在主体间流行的不同，可以分为开放、共享和交易三种流通方式（见图 2-18）。

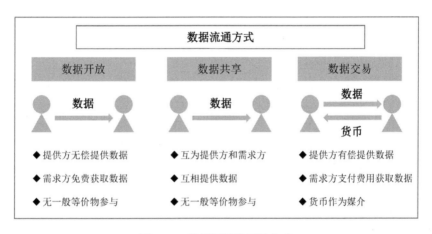

图 2-18　数据流通的三种方式

数据开放主要是指政府机构开放数据服务于企业生产经营以及为个人提供便利，进而产生相应的社会和经济效益。在开放模式下，数据的使用权和控制权被放宽，这使更多的参与者可以自由访问、使用和贡献数据。也就是数据提供方无偿地提供数据，供需求方免费获取。这种模式下开放的往往是公共数据，比如国家机关和法律等在履行公共管理职责或者提供公共服务的过程中收集产生的数据。开放模式旨在促进数据的广泛共享和利用，以实现更大范围的创新和社会效益。这种模式常见于开放数据平台、数据门户和数据社区。例如全国目前已经建成了 21 个省级公共数据开放平台。虽然各地的数据开放平台建设效果有所差异，其中一些平台的数据容量较小且更新频率较低，但一些省市级平台已经取得了较大规模的成果。这些平台开放了多个领域的数据集和数据接口，涵盖了公共安全、社会民生、经贸工商、交通出行等多个领域，为其他公共数据开放平台的建设提供了示范和借鉴。

数据共享是互为供给方和需求方数据双向流通模式，流通过程中没有货币媒介的参与。共享模式侧重于促进数据的合作和共享，以实现共同的目标和利益。这种模式推动了政府之间、政企之间、企业之间的发展。比如自2019年以来，美团与辽宁、天津等地建立合作，通过数据共享优化餐饮安全监管。[①] 又如某旅行公司在取得用户授权时，以支付宝的芝麻信用作为信用标准，为用户提供便利。

数据交易是提供方有偿提供数据，需求方需要支付获取费用才能够获取，主要以货币作为交换媒介的数据单向流通模式。数据交易可以涉及买方和卖方之间的直接交易，也可以通过数据市场或数据交易平台进行。交易模式强调数据的市场化和商业化，允许数据拥有者以一定的条件和价格向其他参与者提供数据。数据交易可以满足市场多样化的需求，灵活地满足供需各方的利益诉求，激发市场参与主体的积极性，并促进数据资源的高效流动和数据价值的释放。这对于加快培育数据要素市场具有重要意义，正在成为数据流通的主要形式。它为各方创造了机会，使数据能够以更高效、更灵活的方式流动，实现数据资源的最大化利用。

2. 数据流通总体架构

数据流通总体架构如图2-19所示。总体来看包括五个方面：数据流通的政策和法律法规、数据流通制度、数据流通模式、数据流通技术，以及数据流通标准。数据流通政策和法律法规是促进数据安全流通的重要保障。数据流通制度能够支撑数据流通宏观政策主张具体落地实践，通过制定相关合规高效的数据流通制度，能够促进数据市场的高效运行。当然，在数据流通过程中，还需要通过技术手段保障数据的安全与隐私。

---

① 中国信息通信研究院：《数据要素白皮书（2022）》，2022年版。

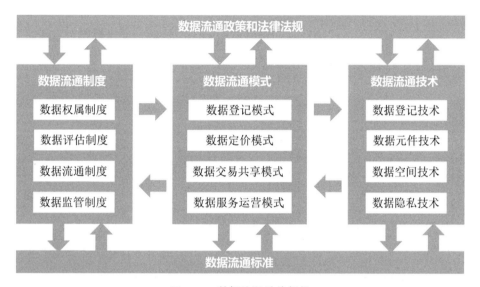

图 2-19 数据流通总体架构

资料来源：全国信标委大数据标准工作组：《数据要素流通标准化白皮书》，2022 年版。

具体而言，数据流通制度中的数据权属制度是为了规定数据的归属和使用权，确保数据主体拥有和控制其数据的权利，并维护其在数据流通过程中的权益。数据评估制度通过专业的数据评价和数据资产评估解决数据全生命周期质量和价值度量等问题，推动数据资产的许可使用、抵押贷款、权力转让和投资入股等行为，构建统一可度量的价值链。这为数据交易和数据流通提供了依据，推动数据市场的发展和数据资源的有效利用。建立围绕全流程合规监管的数据流通和交易制度，有助于确保公共数据的有效管理和开发利用，明确企业合法利用数据资源的边界，避免出现权力纷争、黑市交易等问题，为数据建设、发展和创新创造良好的环境。

数据流通模式包括数据登记、定价、交易共享和服务运营模式，是数据市场化配置的关键环节。数据流通技术是促进数据要素流通的动力源泉，数据流通各个环节都需要相应的技术支撑，包括数据登记技术、数据元件技术、数据空间技术和数据隐私技术。

3. 数据流通过程中存在的问题

目前数据流通过程中还存在很多亟待解决的难题，如确权难、定价难、数据安全与隐私保护性低，以及用户激励不足等。

（1）确权问题。与传统的生产要素（如土地、劳动力等）不同，数据在流通过程中并不会消耗殆尽，相反，它会不断增加，这加大了确定数据归属的难度。从理论上讲，作为数据的主体，用户应该享有支配数据的权利。然而，实际情况是数据往往不由用户掌握。无论是社交数据还是消费数据，它们都存储在各个服务提供商的数据库中，并被视为互联网公司的核心资产。在用户毫不知情的情况下，这些数据被计算和分析，以获取经济利益。

（2）定价问题。数据是无形的资产，其价值取决于具体的用途和需求。由于数据的异质性，不同类型和质量的数据往往难以进行直接比较和定价，这增加了确定合适价格的难度。且目前数据市场相对较新，发展不完善，缺乏统一的定价策略。由于数据市场的相对新颖性，缺乏充分的参考和历史数据来指导数据定价，缺乏可靠的数据定价模型和市场数据使得数据提供方和需求方在确定价格时面临不确定性和风险。数据提供方和需求方之间的权益分配和数据使用权限的约定会影响数据的定价，而这些问题在现实中往往复杂且难以解决。数据的定价也会受到法律和监管框架的限制。

（3）数据安全与隐私保护问题。尽管当前大多数的服务提供商在用户协议中提醒用户有关数据流通的内容，并取得他们的授权，但是能够坚持并贯彻全流程用户知情权的服务提供商却非常有限。并且这些服务提供商可能会为了提升自己的竞争力，追求利益的最大化，而滥用其所收集的个人数据，侵犯用户隐私，危害数据安全。并且用户数据大多集中存储在服务提供商的数据库中，一旦发生数据泄露将会对多数用户造成影响。

（4）用户激励问题。就目前而言，在绝大多数场景下，用户作为数据主体的价值未能得到体现，市场也缺乏高效的激励机制来推动用户积极参与数据流通。

4. 数据流通技术

Web3.0 能够赋能数据流通，为数据流通提供可信的身份管理和资产化表达的能力，能够帮助解决目前数据流通中数据安全与隐私保护性低、定价难和用户激励不足等问题。

（1）数据安全与隐私保护问题。针对流通中的数据安全与隐私保护问题，可通过 Web3.0 中的可信执行环境、区块链、密码学、联邦学习、数据传输加密等隐私计算技术来解决。通常这些技术被结合起来使用。

可信执行环境。可信执行环境（Trusted Execution Environment，TEE）是一种安全的计算环境，旨在保护敏感数据和程序免受恶意软件和未经授权的访问。它提供了一个隔离的执行环境，使得敏感数据和关键代码可以在受保护的硬件环境中进行处理，防止外部恶意软件或攻击者对其进行篡改、窃取或干扰。

区块链和密码学技术。区块链和密码学技术通常会结合起来使用，保护数据安全、用户身份隐私和交易内容隐私。

在数据安全方面，如前文所述，区块链本质上是一个分布式账本，每个区块链节点都完整记录着数据流通的信息，区别于传统上将数据集中存储在一个服务器上。区块链的不可篡改性使得记录在链上的流通信息不会被篡改，保护数据的安全。

在用户身份隐私保护方面，可以通过混币技术实现。混币技术是指在交易过程中增加中间环节来对多个交易进行混淆，加大攻击者的分析难度，进而保护用户的身份隐私。目前混币技术分为协同混币技术、自主混币技术和全局混币技术。其中，协同混币技术是用户在交易过程中引入一组用户并通过混淆器混淆完成交易，这样能够隐藏交易输入和输出地址的对应关系。自主混币技术是用户在混币过程中无须第三方机构和其他用户的参与，可实现自主混币。自主混币技术的典型代表是门罗币，一次性地址和环签名组合方案构成门罗币的自主混币技术。其中，环签名能够将用户身份混淆在一组身份信息中而使对方无法确认到底哪一个是签名的用户。全局混币技术是通过将加密货币从不同的用户汇集到一个共享的混币池中进行混合，再将混合后的加密货币重新分发给用户，使得交易的链上路径变得模糊和复杂，增加了交易的追踪难度。全局混币技术的典型代表是零币。

在内容隐私保护方面，可使用同态加密技术对交易内容进行隐私保护。同态加密技术在数据是密文的状态下进行计算，将得到的密文状态下的结果进行解密，能够得到与在明文状态下计算一致的结果。所以在计算过程中能够得到正确的计算结果而不泄露真实的明文内容。

联邦学习。联邦学习提供了一种具有隐私保护特性的分布式机器学习框架，并且能够以分布式的方式协同数以千计的参与者针对某个特定机器学习模型进行送代训练。联邦学习能够将用户的数据保护在本地，而只需要用户上传模型即可。

数据传输加密。数据传输加密是指数据流通过程中采用加密保护措施，旨在防止数据在传输过程中发生泄露。数据传输加密主要包括传输通道加密、数据内容加密，以及传输通道两端的主体身份鉴别和认证。[1]

（2）定价问题。针对数据流通中的定价难问题，可选用合适的数字资产定价策略，包括静态定价、动态定价、免费增值定价和使用量定价。其中，静态定价又包括固定定价、差异定价和拉姆齐定价，动态定价又包括自动计价、协商定价和拍卖式定价。

固定定价是指数据卖家和交易平台以数据商品的成本和效用为基础，根据市场的供求关系，在交易平台上设置一个固定的价格。差异定价指的是在销售一种数据产品或服务时，采用两种或两种以上的不同价格，这通常是由于不同的数据买方获取数据的愿望不同。拉姆齐定价是指以高于边际成本的价格定价，这种价格下的净收益与净损失间的差值最大。总体来讲静态定

---

[1]　中国信息通信研究院：《数据流通关键技术白皮书（1.0版）》，2018年版。

价是事先根据一些规则将价格固定下来。

自动计价是指交易所在对数据进行定价时对其设计自动计价计算式，数据卖方和买方在交易系统的自动撮合下成交。协商定价是指交易成交价格通过数据卖方和买方协商形成，双方轮流出价，最终确定一个价格。拍卖式定价顾名思义是指有一个卖方和多个买方的情况。所以动态定价是通过协商得来，不是最开始就得出来的。

免费增值定价将定价策略分为免费和增值付费两个阶段。首先，通过提供免费的基本产品或服务，提高顾客的满意度和用户黏性，从而吸引更多的客户。随后，针对高级功能或增值服务，向用户收取费用，以提供更优质的体验和功能。这种模型旨在在吸引用户的同时，通过增值服务获取额外的收益。使用量定价旨在保持用户的持续消费，通过按次收费或订阅收费等方式根据数据资产的使用量和需求的变化来灵活定价。这种模型适用于批量、价格较低的数据，并且根据数据的时效性和用户需求的不同而调整价格。通过这种定价模型，用户可以根据自身需求选择合适的使用量和定价方式，实现灵活和持续的数据消费。

（3）用户激励问题。针对用户激励问题，区块链技术采取链上声誉与激励相融合的方式来提高用户参与的积极性。链上声誉的构建对于快速识别Web3.0 的数字身份信用和特征有重要作用。在 Web3.0 中，真正的链上身份是由一个地址或域名与其产生的多种社交行为形成的多种链上角色的组合。举例来说，如果一个地址多次使用同一个交易平台进行交易，并且通过链上声誉系统对这种行为进行量化评估，那么这个地址就可能形成"该平台的爱好者"这样的角色，并将其添加到相应地址的社交关系中，以便其他人能够快速识别。在 Web3.0 中，用户的链上身份是通过 DID 来表示。一个真实的用户可以创建多个地址，并拥有不同的域名。在没有链上声誉系统的情况下，要确定这些地址是否属于同一人所有，需要对 IP 地址、历史链上行为的相似性以及地址之间的关联性等信息进行判断，这样的过程成本高且效率低下。如果有了链上声誉体系的存在，DID 对应的历史行为将被量化并分类形成一个清晰的体系，且以非常清晰的方式展示出来。在 Web3.0 去中心化身份具有匿名性的条件下，用户需要证明自己的行为是合法的。此时链上声誉的引入能够在保护用户隐私的同时，提供对其行为的验证和证明。链上声誉系统记录和评估用户的历史行为，根据其信誉和声誉指标来建立信任度。通过这种方式，其他参与者可以查看用户的链上声誉，并在进行交互或交易时，基于声誉评估来判断用户的可信度。这种机制既能保护用户的隐私，又能提供行为证明的信任框架。

目前链上声誉主要包括数据 / 行为标记、DeFi 信用评分、徽章 / 证明等类别。

数据 / 行为标记，即基于地址的交易动向和链上行为对用户进行分析和标记，也就是对用户画像。其中一个典型的平台是 Nansen[①]，它专注于区块链数据分析和跟踪，提供了详细的地址画像和行为分析。通过监测地址的交易模式和参与项目的活动，Nansen 可以帮助用户了解特定地址的资金流向、交易习惯和参与的网络。这种分析平台可以为用户提供更全面的区块链数据视角，帮助他们作出更明智的决策和行动。

DeFi 信用评分，即通过对链上地址的历史交易行为进行分析和评分，为地址提供信用支持。其中一个代表性的项目是 ARCx.money[②]。该项目通过对地址的交易历史和行为进行综合评估，为用户提供信誉评分和信用服务。通过这种方式，ARCx.money 可以帮助用户建立信用记录和信任度，从而为他们提供更多的金融和借贷机会。

徽章 / 证明，即通过向有效地址发放特定徽章或证明来展示其在某方面

① Nansen 成立于 2020 年，Nansen 平台将链上数据与 1 亿多个区块链钱包的专有活动数据库相结合，为投资者的金融机构提供关于不断扩大的区块链生态系统的实时和可操作的见解。

② ARCx.money 是一个去中心化的评价协议，为链上身份和基于信用评分的借贷提供支持。

的声誉程度。形式包括 POAP、SBT 以及第三方徽章 NFT 等。这些证明的形式中，部分具有不可转让的特性，以确保特定行为与特定地址相对应，防止通过买卖转让来构建虚假声誉。举例来说，POAP[①] 等项目通过发放可持有的徽章 NFT，将特定的参与活动或达成特定成就的地址与相应的徽章绑定在一起。这样，持有徽章的地址可以证明其在相关活动或领域中具有特定的声誉和认可。这种基于徽章和证明的声誉体系有助于建立可信的声誉记录，并促进用户在特定领域中的信任和参与。

链上声誉通过多种方式向他人证明用户的信用水平，其中包括用户的许多公开信息。然而，如果这些数据被不当利用，用户可能会遭受损失。因此，一些项目从保护隐私的角度出发，致力于建立可信的声誉体系。例如，Sismo[②]，它注重用户隐私的保护，并通过匿名化和加密技术来确保用户的个人信息不被泄露。通过这种方式，Sismo 为用户提供了一种安全可靠的声誉验证机制，使他们能够在链上环境中建立信任，并获得适当的信用评价。

用户可以选择性地构建链上声誉，并通过清晰全面的界面展示给他人。这类平台旨在帮助用户集成他们的声誉，类似于 Web3.0 的身份简历。这些声誉集成平台记录了用户参与的各种活动和社交网络，例如 Link3。通过这些平台，用户可以展示自己在不同领域和社群中的参与和贡献，从而增强其声誉和信任度。这种声誉集成的方式使得用户能够以可视化和可验证的方式展示自己的链上身份，为建立信任和开展更多合作提供了有力支持。

---

① POAP 是出席证明协议，用于为出席者提供一种证明其生活经历记录的方式，以及在区块链上存储的收藏。

② Sismo 是基于以太坊区块链技术并使用零知识证明来实现个人数据的隐私保护和认证的协议。

第三章

Web3.0 开发与部署

Web3.0 分布式应用形成了由基础设施、组件工具、交互界面、用户入口、部署环境五个核心要素构成的开发框架（见图 3-1）。基础设施是由多个区块链系统组成的分布式底层网络，不同系统间可通过跨链协议或扩展协议进行数据信息和控制指令的交换；组件工具是上层应用与底层基础设施交互的桥梁，其中节点管理类服务工具是重要内容；交互界面是 Web3.0 应用的呈现方式，通过 Web3.0 前端框架实现；用户入口是进入 Web3.0 生态的起点，以互联网浏览器或应用程序形式，通过数字钱包进行身份签名认证，与 Web3.0 应用进行交互；部署环境是包括本地、云服务、分布式存储系统在内的代码托管和内容存储环境，用于用户入口、交互界面、组件工具的部署。

第一节　基础设施

基础设施是为 Web3.0 提供计算、存储、通信等基础底层能力，旨在为 Web3.0 用户提供应用接入能力及公共服务能力等，对于开发者而言主要包括智能合约和虚拟机。

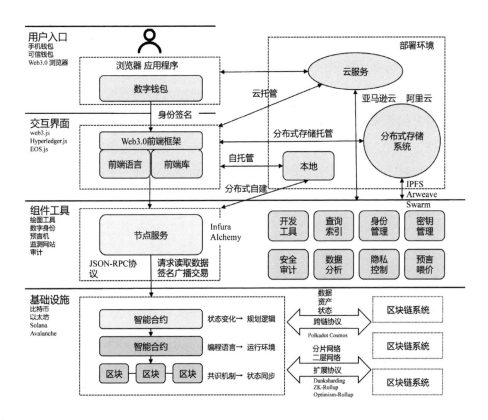

图 3-1　Web3.0 分布式应用开发框架图

一、智能合约

　　智能合约实现业务逻辑自动执行，模块化结构增强功能可组合性。智能合约是运行在区块链上的逻辑规则代码，利用预先在链上设定的功能逻辑判断合约执行条件，并将产生的更改写入账本，任何一方都无法单独控制或停止程序的执行。智能合约是模块化的，可以分解成相互独立、可随意整理的功能块，并通过合约间相互组合、调用，实现多功能间组合，为灵活高效构建分布式应用提供便利。区块链保证了智能合约的不可篡改性和自动化执行，二者共同作用为构建可信、智能社会奠定了基础。智能合约分为系统运行类和应用开发类，截至 2023 年 10 月，累计数量已经超过 15.8 万个。

智能合约基于区块链技术自动执行预先设定的条件，这极大地提高了效率并降低了人力成本。其条款与执行过程对所有相关方均公开可见，有助于建立信任关系，消除中介费用并防止欺诈行为。作为去中心化和加密的系统，智能合约让篡改结果或操纵合约的行为变得极为困难。这种自动执行和省略中间环节的方式能显著降低管理和交易成本。当触发条件满足时，智能合约能立即执行合约条款，从而提高各种交易的反应速度。它可根据不同应用场景进行编写和定制，具有广泛的适用性。智能合约的优势在于它高效、透明、安全且灵活的特性，为各行业提供了极具吸引力的解决方案。

智能合约在各行各业都有广泛的应用，在流程自动化、建立去中心化系统信任和降低运营成本方面发挥着至关重要的作用。它们被广泛应用于金融领域，以实现去中心化金融活动、资产数字化、稳定币和跨境支付。版税分配和数字版权管理等知识产权相关活动也利用智能合约提高效率。

Web3.0 中最为重要的数字资产便是以智能合约为基础开发的，如以太坊所发行的 ERC–20、ERC–721 等通证协议标准，该标准可以更好地兼容钱包，兼容各类交易所，方便数字资产和数据的流通。

此外，智能合约还是去中心化治理和投票系统的核心，去中心化自治组织和安全投票平台就是智能合约的相关落地应用，基于投票和可升级合约构成的治理方案已经逐渐成为 Web3.0 去中心化社区自治中非常重要的一项技术。智能合约促进了去中心化身份解决方案和个人数据访问控制，保护了数字应用中的用户隐私，提高了安全性。

二、虚拟机

虚拟机提供链上代码运行环境，区块空间成为设施扩展性瓶颈。虚拟机是为智能合约等代码提供区块链可读可写的运行环境，区块空间是区块链上可以运行程序代码和存储数据的空间。随着 Web3.0 应用活跃度持续增长，链上数据存储和逻辑处理的需求越来越大，大部分区块链系统的区块空间资源紧张，出现交易费用高、交易不能及时确认等问题。使用扩展性方案对区块空间进行扩容是解决该瓶颈问题的主要解决方案。目前主流的扩展方案包括侧链、分片网络，以及二层网络的零知识证明扩展等。

虚拟机广泛应用于各种计算场景，包括服务器虚拟化、软件开发和测试。在区块链的背景下，虚拟机是允许执行智能合约和去中心化应用程序的关键组件。这些虚拟机被设计为确定性的，这意味着给定相同的输入，它们将产生相同的输出，确保区块链操作的一致性和可预测性。

以太坊虚拟机（Ethereum Virtual Machine，EVM）是 Web3.0 中最著名和使用最广泛的虚拟机之一。它是由以太坊创始人维塔利克·布特林创建的，旨在支持在以太坊上执行智能合约。以太坊虚拟机是图灵完备的虚拟机，这意味着只要有足够的时间和资源，它就可以执行传统计算机能够执行的任何计算。以太坊平台上的智能合约是用 Solidity[①] 等高级编程语言编写的，然后编译成以太坊虚拟机可以执行的字节码。该字节码包含智能合约的指令，定义其逻辑和行为。

以下是 Web3.0 中虚拟机的一些关键功能。

（1）智能合约执行。虚拟机可以执行智能合约，智能合约是具有预定义规则和条件的自动执行协议。这些合约自动化了各种流程，例如金融交易，无须中介机构。

（2）交易验证。虚拟机支持验证区块链上的交易。一个交易被广播到网络时，节点首先会验证交易的签名是否有效。这包括检查发送方地址和签

---

① Solidity 是以太坊的一种契约型编程语言，旨在定位到以太坊虚拟机。

名是否匹配，并确保发送方有足够的以太币来支付交易费用。

（3）共识机制。虚拟机在区块链的共识机制中发挥作用。它们帮助节点就交易的有效性以及交易添加到区块链的顺序达成共识。

（4）安全性。虚拟机为智能合约提供安全的执行环境，防止恶意代码影响区块链网络。虚拟机的确定性本质确保代码的行为是可预测的，并且不会导致意外的结果。

（5）互操作性。虚拟机允许不同区块链之间的互操作性。例如，Polkadot[①] 采用平行链模型，通过共享虚拟机将多个区块链连接到其中继链[②]，从而实现跨链通信和协作。

第二节　组件工具

组件工具是由基础设施发展而来的工具类产品，旨在协助开发者快速构建 Web3.0 应用基础功能，从而降低部署开销并提高开发效率，主要包括节点托管类组件工具、数据管理类组件工具和安全保障类组件工具。

一、节点托管类组件工具

节点托管类组件工具的作用在于简化上层应用开发过程中的底层复杂性，使开发者能够更专注于应用的核心功能，而无须过多关心底层节点网络管理的复杂性。这些工具通过使用远程过程调用传送协议（Remote Produce Call，RPC），与区块链系统进行通信，从而实现了与底层区块链系统的交互。具体而言，当 Web3.0 前端页面与用户进行互动时，节点托管类组件工具能够根据页面的请求，向区块链系统发出相应的命令，以获取所需的数据

---

① Polkadot 是一个区块链互操作性平台，旨在实现不同区块链网络之间的通信和价值的顺畅传输。

② 中继链用于连接各个区块链，负责整个网络的生态治理与安全性。

或执行特定的交易操作。这包括读取区块链上的信息，如账户余额、智能合约状态等，以及签名和广播交易，以进行链上操作。这些组件工具还提供了开发工具套件、数据接口等服务，使开发者能够更加轻松地与底层区块链系统进行集成。这些工具的存在和使用大大简化了开发过程，降低了开发的复杂性，从而提高了开发效率。然而，需要注意的是，节点托管类组件工具在简化开发过程中，也引入了一定的中心化控制风险。因为这些工具通常由特定的服务提供商托管和管理，开发者需要依赖这些服务提供商的稳定性和可靠性。如果服务提供商出现问题或中断，可能会对应用的正常运行产生影响。因此，在选择使用这些工具时，开发者需要权衡便捷性和中心化风险，并谨慎评估其适用性。

目前这类工具的数量与种类均较多，例如 Infura 是以太坊生态的最大的 API 提供方，旨在降低接入、访问以太坊门槛，而不需要本地运行以太坊节点。Infura 是区块链开发平台的一部分，这是 Web3.0 生态系统中领先的工具提供商的产品套件之一。可以把它想象成"区块链即服务"，因为它摒弃了处理区块链网络的复杂性。Infura 提供了访问助手方法，允许通过 Web3.0 提供程序与区块链进行交互、构建前端应用，可以与区块链通信（包括部署在区块链上的智能合约）。它包括一些流行的与以太坊兼容的 Web3.0 库，如 Web3.js、Ethers.js（用于 JavaScript）、Web3.py（用于 Python）、Rust-web3（用于 Rust）、Aleth（用于 C++）、Web3.php（用于 PHP）、Web3j（用于 Java）及 Ethereum Ruby library（用于 Ruby）。但开发者过度依赖 Infura，其偶发的服务不稳定导致了一系列 Web3.0 应用连锁宕机，引发社区对节点托管工具垄断分布式应用与区块链网络通信的担忧。

再如，Tatum 是一款基于 JavaScript 的去中心化应用开发工具，提供一个统一的框架，使开发人员能够更轻松地构建 Web3.0 应用程序。它本质上是为 Web2.0 开发人员制作的增强版 Web3.0。此外，Tatum 还提供了一种方法，使开发者可以最小化应用程序的构思与设计，降低开发成本，缩短开发时间，并开始将开发者的应用程序构建到MVP版本①，在扩展多个区块链协议时进行测试。使用Tatum启动和扩展应用程序，开发者可以获得一个统一的抽象层来访问并调用一个软件开发工具包（SDK）中的不同区块链以及扩展层协议，包括智能合约、钱包、NFT等。

Hardhat是一个以太坊开发环境，用于编译、部署、测试和调试以太坊应用程序。Hardhat的主要组件是Hardhat Runner，这是一个灵活且可扩展的任务运行器，可以帮助开发人员管理和自动化开发智能合约和去中心化应用程序的重复任务。Hardhat还内置了Hardhat Network，这是一个本地以太坊网络节点，开发者可以在本地机器上部署合约、运行测试和调试代码。Hardhat还提供了完全的TypeScript②支持，并且设计了一种易于集成的方式，使开发者可以在保持使用现有工具的同时实现它们之间更深层次的互操作性。此外，Hardhat还有一个可组合的插件生态系统，可以增加功能并将现有的工具集成到一个流畅的工作流中。总的来说，Hardhat是一种强大的工具，可以帮助开发者更轻松地与区块链进行交互，并创建复杂的去中心化应用程序。

Foundry是一个智能合约开发工具包，旨在管理依赖关系、编译项目、运行测试、部署合约，并允许开发者通过命令行与区块链进行交互。Foundry相对于其他智能合约开发工具包更快，并且Foundry允许开发人员在Solidity中编写测试。Foundry以其便捷性和便携性而闻名，是以太坊开发中最受欢迎的工具包之一。

---

① MVP版本，即最小可行性产品版本，是产品开发过程中的一个关键阶段，它包含了产品最基本的核心功能，但并不包括所有可能的特性或功能。MVP版本的主要目的是快速地获取市场反馈，以便于进一步改进和完善产品。

② TypeScript是微软开发的一个开源的编程语言，通过在JavaScript的基础上添加静态类型定义构建而成。

二、数据管理类组件工具

数据管理类组件工具不仅在数据监测与分析方面提供了重要的辅助功能，还为 Web3.0 应用程序的开发和用户在 Web3.0 生态系统中的探索提供了关键服务。这些数据管理类工具的功能非常丰富，包括对链上数据的查询、内容数据的检索以及统计分析等多种功能。在 Web3.0 应用程序的开发过程中，数据管理类工具扮演了关键角色。它们允许开发者以各种方式和不同维度来了解和利用 Web3.0 基础设施。这种多样性使开发者能够满足个性化需求，从而更好地定制他们的应用程序。此外，这些工具还能够为终端用户提供更多可视化的数据信息呈现。这意味着用户可以更轻松地了解 Web3.0 应用程序的性能、运行情况和其他重要指标。例如，他们可以通过这些工具查看应用程序的活跃用户数量、交易量、市场数据等信息，这有助于他们作出更明智的决策。综上所述，数据管理类组件工具在 Web3.0 生态系统中扮演着不可或缺的角色。它们为开发者和用户提供了强大的数据管理、监测和分析功能，有助于推动 Web3.0 应用程序的发展和提高用户体验。无论是在开发还是在使用 Web3.0 应用程序时，这些工具都发挥着关键作用。

The Graph 是一款常用的去中心化索引协议，它通常被称为"区块链的谷歌"，因为它在区块链上开发的大多数 Web3.0 项目中起到了补充的作用。不仅为开发者提供支持多种搜索条件的链上数据查询，还是终端用户查询 Web3.0 应用协议运行指标数据的利器。The Graph 解决了 Web3.0 中的一个复杂问题。虽然 Web3.0 建立在开放性和去中心化的基础之上，但它缺乏以实际方式提供对区块链数据本地访问服务的能力，尤其是对于大型数据集。The Graph 使用 GraphQL API 提供了比传统的远程过程调用（RPC）更容易访问链上信息的方式。该网络通过子图组织数据；这些子图是由社区创建的开源应用程序编程接口（API），用于从索引器、策展人和代表中检索数据。The Graph 在 Web3.0 中发挥着至关重要的作用，它提供了一种实用且高效的方式，用于访问和查询区块链上的数据。

三、安全保障类组件工具

安全保障类组件工具专注于为身份和资产管理提供共性基础，以确保资产和数据的安全。这些工具的范围非常广泛，包括密钥管理、代码审计和隐私控制等多个方面。在 Web3.0 领域，安全性一直是一个备受关注的问题。通付盾（SharkTeam）链上分析平台 ChainAegis 数据显示，2023 年第一季度 Web3.0 领域共发生了 211 起安全事件，日均发生 2.34 起，损失金额超过 3.83 亿美元，安全事件依旧呈现高发态势，数量相较于 2022 年第四季度增长了近 62.3%。其中，合约漏洞与拉地毯骗局（Rug Pull）[①] 事件的数量相比，前几个季度变化不大，其他类型安全事件较 2022 年第四季度上涨了 142.18%。安全事件类型呈现出多样性，黑客攻击手段愈发丰富，攻击手法层出不穷。安全保障类组件工具通过多种方式来提高 Web3.0 应用程序的安全性。首先，通过对代码逻辑的仔细检查，帮助减少了合约漏洞的风险。其次，通过对关键内容的加密，保护了数据的隐私和完整性。最重要的是，这些工具通过对控制权限的精确管理，减少了潜在的风险，如闪电贷攻击和密钥钓鱼。特别值得一提的是，智能合约代码的安全审计已经成为 Web3.0 分布式应用上线的必要条件。这确保新的应用程序在发布之前经过了专业的审查，从而提高了其安全性和可信度。综上所述，安全保障类组件工具在 Web3.0 领域发挥着至关重要的作用，它们致力于保护用户的身份和资产，降低了各种潜在威胁的风险，为 Web3.0 生态系统的可持续发展提供了坚实的基础。

---

① 拉地毯骗局是指项目方卷款跑路，是典型的退出骗局。

例如智能合约漏洞检测的平台有 Diligence Fuzzing，它是 ConsenSys 提供的一种模糊测试服务（Fuzzing as a Service，FaaS），能够对智能合约进行审计、自动化的安全分析、智能合约测试等，包括人工审查等方法。目前类似于 Diligence Fuzzing 的漏洞检测的集成化平台数量较少，大部分的漏洞检测技术尚停留于论文阶段。

The Graph、安全保障类组件工具和智能合约漏洞检测平台三者之间存在密切的联系，它们共同构建了 Web3.0 生态系统的健康运作和发展。The Graph 提供了对分布式数据的高效访问，安全保障类组件工具确保了生态系统的整体安全性，而智能合约漏洞检测平台进一步强化了智能合约的安全性，使整个生态系统更加健康和可信。这种协同作用有助于推动 Web3.0 领域的可持续发展。

第三节　用户入口

用户入口是实现用户与 Web3.0 应用交互接口的电子设备、软件程序和在线服务等，旨在承载数字资产交易、数字身份的验证及管理，数字钱包是用户入口的主要表现形式。

一、数字钱包的概念

数字钱包把控访问 Web3.0 的关键入口，接入形式呈现多样化发展。

数字钱包逐渐从储存公钥和私钥实现加密资产管理的单一功能的数字钱包，向支持多链交互、管理用户身份和数据信息的多功能的统一接口的数字钱包发展。作为用户接入 Web3.0 的核心组件，数字钱包呈现出浏览器扩展数字钱包插件、数字钱包应用内嵌浏览器等多样化发展模式。不同于传统互联网时代由应用控制用户的身份和数据信息，数字钱包是参与 Web3.0 时代的每个个人、组织和事务的控制节点，能够生成、存储、管理和保护密钥，用户通过唯一私钥掌控自己的个人数据，实现从数据滥用到数据自主可控的转变。其中，以太坊小狐狸钱包（MetaMask）通过集成 Web3.0 远程调用接口库，为全球超过 3000 万用户提供 Web3.0 应用服务。

二、数字钱包发展面临的挑战

当前，数字钱包的发展已经进入了快车道，同时面临着各种挑战，包括易用性（用户友好性）、隐私与监管，以及安全性等方面。

（一）易用性

数字钱包的使用相对中心化的资管平台来说操作与理解均更加复杂，交易所或者中心化的理财平台只需要提供更便捷的服务即可，用户无须理解背后的逻辑，而数字钱包使用时的每一步交互都需要用户亲自操作，这就要求用户具有一定的基本区块链知识储备。一旦交互与数字钱包授权出现问题，用户没办法寻求客服解决问题，这对于完全不懂相关技术的用户来说会非常困难，不利于新用户的加入。

目前大部分钱包品牌在用户与数字钱包之间的交互体验方面都较差，能够改进与完善的地方比较多，例如在插件端与手机端更人性化的交互防钓鱼（安全）提醒、更便捷与方便用户的加密资产工具集成、更广泛适用的去中心化应用环境适配等（见表 3-1）。除了交互体验以外，目前 Web3.0 数字钱包的使用 / 登录方式 / 界面设计与 Web2.0 应用程序也有一定的区别。正是由于去中心化钱包在易用性上的不足，很多新老用户最终又选择了传统的中心化钱包。中心化钱包虽然存在一定的人为的安全风险，但它操作简单，用户界面友好，如果去中心化钱包想要获得更多的用户，就必须解决易用性问题。

表 3-1　数字钱包的易用性挑战

钱包类型	易用性的挑战	主流钱包
移动端 / 桌面端钱包	交互安全提醒 加密资产工具集成 去中心化应用环境适配 界面设计的简洁性 登录方式的简化	Trust 钱包 Tokenpocket Math 钱包 Coin 98 imtkoen 钱包
插件钱包	交互安全提醒 多链的资产管理 界面设计的简洁性 登录方式的简化 插件的权限	MetaMask Coinbase 钱包 Phantom
硬件钱包	功能多元化 交互操作的简化 登录方式的简化	Trezor/Ledger

（二）隐私与监管

隐私与监管一直是 Web3.0 领域避不开的话题，这也同样是数字钱包会遇到的问题，包括用户的数据隐私、钱包的业务合规等。

小狐狸钱包的隐私收集事件终于将钱包隐私问题摆在了台前，先是区块链开发平台 Alchemy 在 2022 年 10 月更新隐私声明，称可能会自动收集 IP 地址、用户设置、媒体存取控制位址（MAC 地址）、标识符（Cookie）、移动运营商、浏览器或设备信息、位置信息、互联网服务提供商等个人信息，也可能会通过第三方服务和组织获取用户个人信息。11 月 ConsenSys 的隐私政策更新在各大社区与媒体中引爆了关于钱包隐私的讨论。ConsenSys 更新了其隐私政策，声明当用户在小狐狸钱包中使用 Infura 作为默认远程过程调用时，将在用户发送交易时收集对应的 IP 地址和 ETH 地址。

此事再次引发了关于去中心化的讨论，毕竟 Web3.0 最大特色之一就是用户可以掌握自己的数据，打破 Web2.0 由传统科技巨头把持用户数据的局面，实现去中心化。而小狐狸钱包作为目前最受欢迎的钱包，却违背了大部分 Web3.0 用户的想法。然而用户希望的数据去中心化，也必然导致缺乏监管，一旦发生争议或者产生资产被盗等情况，任何第三方和执法机构就很难介入去侦破。

数字钱包目前已经是 Web3.0 生态实质上最大的流量入口，但是在当下钱包营利模式不清晰的情况下，如何经营合规的业务也是一个不小的问题。钱包服务商提供数字资产的币币兑换、借贷等服务，硬件钱包的全球销售与代理都应该符合钱包所在国的政策与法规。

（三）安全性

数字钱包无须信任任何第三方机构，用户拥有对其钱包资产的完全控制权。与中心化钱包相比，用户不必担心银行或交易所挪用资产或者滥用资产管理权限。钱包对中心化机构的依赖较小，受到单点故障与攻击的概率较小，但是当前大部分的钱包使用者是自己负责管理私钥和资产，因此它更容易受到社会工程学攻击和病毒感染等威胁（见表 3-2）。

表 3-2　常见的钱包资产被盗安全问题

常见类别	主要原因
私钥被盗	在钱包创建时，私钥发送泄露
	黑客构造钓鱼场景攻击
	木马程序攻击
	新漏洞攻击
	钱包上游供应商安全问题（软件开发工具包、远程过程调用节点供应商、服务器等）
授权被盗	盗用签名
	黑客构造钓鱼场景攻击
	新漏洞攻击

对用户来说，目前安全性最大的挑战还是在于私钥的保管与防范社会工程学攻击。安全知识与意识的缺失、不当的操作习惯，均会给黑客创造绝

佳的机会。对数字钱包开发者而言，钱包底层的安全也充满挑战，除了开源钱包代码外，也要做好每次重大更新的代码安全审计、钱包私钥的储存与管理等。

数字钱包整合多类应用和数据资源，通用开源协议成为发展关键。伴随 Web3.0 浪潮引领下的去中心化、机器信任、创造经济和数字原生等未来经济形态逐渐形成，除资产管理外，数字钱包还承担着接入侧网络身份核验确权、数据加密通信、边缘计算设施及分布式应用部署设施等多样化任务。

第四节　交互界面

交互界面是用户与 Web3.0 应用交互的可视化展示，旨在提升 Web3.0 应用交互能力，增强用户体验，对于开发者而言，交互界面开发的核心要素主要包括前端开发语言及前端库。

前端开发语言基本保持不变，前端框架更重视用户体验的通用性。

前端开发是将应用抽象复杂的业务逻辑转化为直观视觉展示的过程，旨在为用户与应用间建立一个可沟通、交互的窗口。Web3.0 交互页面的主要表现形式与传统互联网应用基本相同，主要包括浏览器页面及移动客户端等。因此，大部分 Web3.0 分布式应用的前端开发语言以 JavaScript、HTML、CSS 为核心，沿用 React、Vue 等前端开发框架，以求保证 Web3.0 应用体验与 Web2.0 应用体验的一致性，减少用户习惯改变带来的教育成本。

一、Vue 框架

Vue.js（通常称为 Vue 或 Vue.JS）是一种用于构建用户界面的渐进式 JavaScript 框架。它由尤雨溪（Evan You）开发，并于 2014 年首次发布。它的简洁、灵活、响应式的设计理念使构建现代互联网应用变得更加容易和愉快。Vue 的组件化开发方式让开发者能够将复杂的用户界面划分为小块，每一块都能够独立思考、独立开发、独立测试，最后再组合成完整的应用。这种方式不仅提高了代码的可维护性，还促进了团队协作。

Vue 的数据绑定机制让状态管理变得无比简单，通过声明式的模板语法，开发者能够轻松地将数据和视图关联起来，当数据变化时，视图会自动更新。同时，Vue 还提供了灵活的指令系统，可以轻松处理诸如循环渲染、条件渲染、事件处理等常见任务。

虚拟文档对象模型（Document Object Model，DOM）的使用保证了应用的高性能，Vue 会智能地更新发生变化的部分，而不是整个页面。这意味着无论应用有多复杂，用户始终可以享受到流畅的交互体验。

Vue 的生态系统也是非常丰富的，有大量的插件和工具可以帮助开发者更加高效地构建应用。无论是初学者还是有经验的开发者，Vue 都能为其提供一个优秀的工具，来开发出更好的互联网应用。在不断演进的前端领域，Vue 无疑是一个值得关注和学习的技术。

二、React 框架

React 框架是一款用于构建用户界面的 JavaScript 库，它由元（Meta）开发并维护，用于构建交互式、可重用的界面设计组件。由于 React 前端框架的生态友好性吸引了大批 Web3.0 开发组件，目前占据 Web3.0 前端开发框架的主导地位。

React 鼓励开发人员将用户界面拆分为独立的组件，每个组件都有自己的状态和行为，这样可以更轻松地管理应用程序的复杂性。通过使用虚拟文档对象模型，React 能够智能地计算出在数据变化时需要更新的最小 DOM 部分，从而提高性能。同时，React 采用单向数据流的数据管理方式，确保了数据的可预测性和一致性，减少了难以调试的问题。

React 的生态系统非常丰富，包括大量的第三方库、组件和工具，可以帮助开发者构建各种类型的应用，从小型组件到大型单页应用。这个强大的社区支持使 React 成为一个理想的选择，无论是初学者还是有经验的开发者。

当前 Web3.0 生态圈的前端大部分使用 React 完成，使用 Vue 开发的很少，有的话可能也是使用 Vue 2.0。近年来 Vue 3.0 渐趋完善，Vue-Dapp 这个套件的出现使 Vue.js 的开发者也能轻易开发去中心化应用。

三、链交互库

前端库增加底层链交互接口的封装，应用开发活跃推动其规模化增长。前端库是封装了界面适配、内容展示及前后端交互等功能的程序开发接口，旨在为前端开发者提供可直接调用的工具库。传统的互联网应用通常使用超文本传输协议（HTTP）与服务器进行数据交互，但 Web3.0 采用了一种不同的方式。它直接与用户钱包、节点或智能合约的链上地址进行通信，以满足应用的业务需求。这种方式使前端开发需要依赖于封装了底层链交互接口的前端库，而 Web3.0 中最常用的库之一是 Web3.js 和 Ether.js。

Web3.js 是一款强大的库，它允许开发者直接与以太坊链上的数据进行通信。无论是查询账户余额还是执行智能合约交易，Web3.js 都提供了简单而高效的接口，它的出现使前端开发者可以轻松地将区块链功能集成到他们的互联网应用程序中，开发各种类型的去中心化应用，包括数字钱包和去中心化交易所。随着以太坊生态系统的蓬勃发展，Web3.js 的下载量逐年递增，成为 Web3.0 前端开发的不可或缺的支持库之一。Web3.js 在以太坊生态系统中扮演着重要的角色，随着区块链技术的不断发展和采用，其下载量和社区支持也不断增长。开发者可以利用 Web3.js 的功能和灵活性来创造各种有趣和有用的应用，为用户提供更多控制权和去中心化的体验。这一工具的不断进化有望进一步推动区块链技术的普及和应用。

与此同时，Ether.js 也在 Web3.0 前端开发中崭露头角。Ether.js 是一个用于与以太坊区块链互动的 JavaScript 库。它提供了开发者与以太坊智能合约、钱包和区块链网络进行交互所需的工具和接口。Ether.js 是以太坊的 Web3.js 库的一个替代品，旨在提供更现代、更易用、更强大的功能，同时也更符合现代 JavaScript 的开发标准。Ether.js 提供了与以太坊智能合约进行交互的简化接口，开发者可以使用它来发送交易、调用智能合约函数、查询区块链状态等；它还可以与各种以太坊钱包集成，以便及时获取关键信息，例如交易确认、智能合约事件触发等；开发者可以使用 Ether.js 监听以太坊区块链上的事件，以便及时获取关键信息，例如交易确认、智能合约事件触发等；Ether.js 提供了处理数字签名和交易构建的工具，使开发者能够创建和管理交易，从而与区块链进行互动；同时，除了以太坊主链外，Ether.js 还支持多个以太坊的测试链和侧链，使开发者可以在不同的环境中测试和部署智能合约。Ether.js 用户规模增长也与以太坊应用的繁荣密切相关。

总之，前端库的发展和增强封装了底层链交互接口的功能，有力推动了 Web3.0 应用的规模化发展。这些库的使用不仅让开发者可以更轻松地创建具有创新性和用户友好性的 Web3.0 应用，而且满足了用户对安全性、隐私性和数字资产管理的需求。随着这些工具的不断进化，我们可以期待更多令人兴奋的 Web3.0 应用出现。

第五节　部署环境

部署环境是满足 Web3.0 项目部署所需的处理器、内存、硬盘、操作系统等一系列软硬件环境，旨在保障前后端框架核心要素的正常运行，主要包括本地、云服务及分布式网络的部署环境。

本地或分布式网络有利于确保数据主权，但资源管理较为复杂。为增加应用可靠性和数据安全性，防止应用被中心化控制，交互界面和组件工具通常会采用分布式存储和自托管的模式。分布式存储通过构建点对点传输网络和激励机制，实现在不同所有方之间分布式存储数据，不仅能解决中心化存储或者原有分布式存储所有权集中问题，而且可以提高系统可靠性、可用性和可扩展性。但由于技术支持上和资源访问上较为复杂，分布式部署方案并未成为开发者首选。

分布式存储在 Web3.0 的底层基础设施中至关重要，因为当前 Web3.0仍处于概念阶段或初级部署阶段，而底层基础设施的建设是关键所在，目前的 Dfinity 提出了互联网计算机的概念，为部署 Web3.0 网络环境提供了一定的启发。

互联网计算机的独特之处在于，它没有传统意义上的主网，而是由一系列子网构成。这一概念的出现，是为了克服传统区块链网络中的一些限制和挑战，使互联网计算机成为世界上独一无二的创新。在这里，我们将探讨 Dfinity 基金会和互联网计算机的重要性以及如何推动去中心化的变革。

Dfinity 采用了分层结构（见图 3-2），自下而上可以分为数据中心（Data Centers）、节点（Nodes）、子网（Subnets）和软件容器（Canisters）。Dfinity 最底层的数据中心共有 20 个，主要位于美国、欧洲和新加坡。其中，11 个数据中心位于美国，6个位于欧洲，3 个位于新加坡。

软件容器

子网

节点

数据中心

图 3-2　Dfinity 对于互联网计算机的设计架构

互联网计算机是 Dfinity 基金会的杰作，它将去中心化推向了一个新的高度。在互联网计算机上，应用程序和智能合约都运行在容器中，这些容器之间相互隔离、互不干扰。这意味着即使一个应用程序出现故障或遭受攻击，其他应用程序仍然能够正常运行，保持了整个网络的稳定性和可靠性。

此外，互联网计算机还突破了智能合约的局限性。传统的智能合约受到了一系列限制，如执行速度慢、难以升级和难以与外部数据互操作等。而互联网计算机的智能合约则可以更加高效、灵活地执行，允许开发者更容易地进行升级和与外部数据源进行互动。目前，全球 Web3.0 分布式存储项目包括星际文件传输系统（IPFS）、Sia 等。

一、星际文件传输系统

星际文件传输系统是一种分布式文件存储和传输协议，旨在改变互联网的数据传输和存储方式。它的目标是构建一个更加开放、去中心化和高效的网络基础设施，使信息更容易访问、分享和保护。它的核心思想是将数据存储在一个全球分布的网络中，而不是集中在单一的服务器上。这通过将文件分割成小块并分散存储在网络的多个节点上来实现。每个文件块都有一个唯一的哈希值，用于标识和检索。这种分布式存储方式带来了去中心化、高可用性、快速访问、节省带宽等诸多优势，并且星际文件传输系统已经在多个领域取得了成功的应用，包括：

（1）去中心化应用程序。星际文件传输系统是构建去中心化应用程序的理想存储解决方案，使其更具去中心化、安全性和可扩展性。

（2）数据备份和恢复。星际文件传输系统可以用于分布式数据备份和恢复，提高数据的可靠性和冗余。

（3）内容分发网络（CDN）。星际文件传输系统可以用于建立去中心化的内容分发网络，提供更快速和可靠的内容传输。

（4）科学研究和数据共享。科学家可以使用星际文件传输系统来共享和访问研究数据，确保数据的长期可用性。

总结而言，星际文件传输系统代表着未来互联网的一种潜力革命性技术。它的去中心化、高可用性和安全性特点，以及在各个领域的广泛应用，使其成为推动互联网进步的引擎之一。随着技术的不断发展，星际文件传输系统将继续在全球范围内改变数据传输和存储方式，为更开放、更自由的互联网未来铺平道路。

二、分布式云存储平台

Web3.0 中的存储互联网是一种基于去中心化技术的分布式云存储平台，旨在提供安全、私密、经济高效的文件存储解决方案。分布式云存储平台的核心目标是颠覆传统云存储模式，使用户能够以更低的成本、更高的安全性和隐私度来存储和共享数据。它的工作原理建立在区块链技术之上，它通过连接存储提供者和存储用户来实现文件存储。分布式云存储平台由存储提供者组成，他们将自己的硬盘空间提供给网络。每个存储提供者都必须抵押一定数量的通证作为信誉保证。而后，存储用户与存储提供者基于智能合约建立合同关系，合约规定了存储服务的条件，包括存储期限、费用和数据冗余。用户的数据文件被分割成多个小块，并加密存储在多个不同的存储提供者的硬盘上。这种数据冗余策略确保了文件的高可用性和安全性。所有存储合同的细节都被记录在分布式云存储平台的区块链上，确保合同的透明性和可追踪性。用户可以随时访问其存储在分布式云存储平台上的文件，只需提供相应的密钥。

这种结构也为分布式云存储领域带来了低成本、去中心化、高安全、高可用等诸多优势。目前，分布式云存储平台在多个领域都有应用潜力。

（1）个人文件存储。个人用户可以使用分布式云存储平台存储和备份其重要文件，同时保持数据的隐私和安全。

（2）企业数据存储。企业可以利用分布式云存储平台的低成本和高可用性来存储大量数据，例如文档、备份和归档。

（3）去中心化应用程序。开发者可以集成分布式云存储平台的存储功能到去中心化应用程序中，实现去中心化的文件存储。

（4）科学研究和数据共享。科学家和研究机构可以使用分布式云存储平台来共享研究。

这些技术都是较为优秀的云存储方案，因此 Web3.0 通过云平台托管方案仍是主流选择。考虑到访问的便捷性，目前大多数 Web3.0 应用的用户入口、交互界面和组件工具都会使用云服务来托管页面代码、存储数据内容。云服务厂商也在积极探索分布式服务，寻找 Web3.0 应用研发平台中便利性和安全性的平衡。例如，谷歌部分应用开始支持数字资产支付，亚马逊的云平台（AWS）云服务成为 Web3.0 应用部署的最常见选择。

第六节　部署视角

Web3.0 代表了互联网的下一波重大变革，其将在多个方面深刻影响数字基础设施，从部署视角来看，其将显著地改变我们对计算和通信基础设施的理解与构建。计算、存储和通信是互联网三大基础要素，三者深度协作形成支撑数字化发展的通信网络部署形态。Web2.0 时代，计算、存储和通信以平台为核心进行部署，互联网大型企业控制计算和存储资源，运营商提供消息传递服务。由于缺少数据授权、确权、鉴权能力，数据价值无法有效体现。Web3.0 时代，计算、存储和通信资源部署将以促进数据高效流通为准则，依托可信的协作平台，提供高效的、通用的、全流程的数据交互能力。整体来看，Web3.0 将会构建依托区块链的信任基础设施、借助数字钱包的可信网络入口、基于数字身份的认证体系、面向数字资产的管理流通应用，从而形成"数据驱动、自主管理、分布互联、安全可信"的新一代通信网络。在数据驱动方面，通过大数据技术和人工智能模型充分挖掘数据的内在经济价值；在自主管理方面，互联对象细颗粒度支持点对点加密通信和可信传输；在分布互联方面，存储资源提供方和组合模式更多元化，既有能提供大量资源的电信运营商、云服务商，又有中小型资源提供方；在安全可信方面，基于区块链的可信验证带来更多算力需求和算力配合。目前还无法判断 Web3.0 部署的最终形态，但可以确定的是其去中心化、分散化、隐私保护、数字身份管理的核心理念，以及智能合约的广泛应用，将彻底改变数字基础设施的架构和运行方式，对计算、存储、通信和安全等各个方面都带来根本性的挑战和机遇。

一、计算：分散式、去中心化和智能合约的发展

（一）大规模存证带来更多算力需求

Web3.0 时代，数据的生成和交换以前所未有的速度和规模进行着。分布式应用、区块链技术和智能合约的兴起，导致了大量数据的产生和处理。这些数据不仅需要存储，还需要验证其完整性和真实性，以确保不会被篡改或伪造。大规模存证应用的兴起使数据验证成为一项巨大的挑战，需要更多的计算资源来满足验证需求。Web3.0 存证赋予用户自主身份控制权，不同于 Web2.0 时代要依托第三方平台完成存储验证。Web3.0 的核心功能主要包括身份核验和数据确权两方面。身份验证主要依托数字钱包构建用户与应用交互接口，实现用户自主身份管理，数字钱包正向集成安全芯片的硬件钱包方向发展。数据确权依托区块链系统各节点分散控制权，满足多方数据上链和任意时间验证信息等方面都需要足够的算力保障。大规模的存证应用需要从芯片、终端、服务器、数据中心等多层级提升节点算力服务能力，欧科云链（OKLimk）数据显示，在存证应用爆发式增长的 2021 年，仅以太坊算力较 2020 年就提升了 126%。

（二）智能合约带来更好的算力配合

智能合约是自动执行的，不依赖特定硬件设备，区别于 Web2.0 依托平台服务器完成交易操作，Web3.0 借助智能合约是在没有第三方的情况下进行可信交易，能够实现将区块链闲置节点作为计算资源供应商与客户完成智能匹配。这些智能合约通常需要与外部数据源进行交互，并验证这些数

据的真实性。存证应用可以用于验证这些外部数据的完整性，以确保智能合约的执行是可信的，这需要大量的计算资源来执行这些验证操作。智能合约运行于资源隔离环境，有效保障各节点不同配置环境的统一运行，汇聚大量分布式计算资源，有助于激励全球算力的投入并合理分配使用权，在实现共识互信基础上促进分布式算力体系构建，推进算力资源调用接口走向统一，简化计算服务流程。以以太坊虚拟机为代表的智能合约计算引擎正朝着更多的语言支持和丰富的系统程序运行保障的多方算力适配方面发展。

（三）边缘智能带来的多样化边缘算力需求

传统端侧设备普遍存在计算资源受限问题，终端算力向边端转移将是Web3.0应用低门槛、高体验的保障，运算与交互设备的分离已成趋势。端到云之间将部署更多边缘计算服务器作为区块链节点，去中心化服务商通过整合边缘算力资源提供多样化算力服务，智能边缘计算与区块链的融合成为6G网络潜在的关键使能技术，促进以网络为中心的云计算转变为以现场工作负载为中心的边缘智能计算，进一步降低传输时延，提升本地化多元算力应用范围/能力。Web3.0对去中心化分散式计算架构提出了新的需求，端侧数据处理逐渐从传统的云端处理的单一反馈路径向端、边、云协同的多路径反馈方式演变。本地分流实时计算、云边协同资源管理、泛在边缘智能计算等多元算力配置、管理和监测模式推动算力迁移。

（四）多样化协同带来可持续算力基础设施发展

Web3.0的繁荣和可持续发展需要对现有的算力基础设施进行彻底的改革，以研发适应Web3.0分布式生态的新型算力基础设施产品。虽然短期内，Web2.0和Web3.0应用将共存，但寻求多样化算力的平衡发展至关重要。这种多样化包括两个关键方面的考虑。

1. 超大型低能耗算力中心

超大型低能耗算力中心将仍是 Web3.0 海量算力的重要基础。它们将负责处理高并发、大规模计算工作，如编解码、图形渲染、大数据分析、超大模型（Foundation Model）的训练等。这些中心需要继续提供高性能和高可用性的计算资源，但也需要更加关注能源效率和可持续性，以减少对环境的影响。

2. 分布式算力基础设施

与用户隐私安全、数字资产、数据确权等相关的计算工作可能会下放到边缘节点和便携式计算终端进行。这就需要构建大规模的个人、家庭和企业级分布式算力基础设施，以支持这些分散的计算任务。这些分布式节点将成为 Web3.0 生态系统的一部分，为用户提供更好的隐私保护和数据主权。

尽管 Web3.0 在一些领域已经取得了一定的成功，但要实现真正的系统性变革，需要各界的协作和共同探讨。这包括应用场景的创新、算力基础设施相关服务的提供，以及底层核心技术的研究和发展。Web3.0 需要建立可持续的基础设施，以支持社会的数字化转型，并解决可持续发展的难题。

从长期来看，构建适应 Web3.0 的算力基础设施是支持和推动整个社会深入数字化转型的关键要求。随着算力需求的快速增长和算力供给方式的变革，传统的中心化计算和数据存储模式已经不再可持续。相反，多样化算力的协同将成为未来解决方案的关键。这种协同包括在不同场景下有效地分配和协调算力，以满足多样化的需求，这将有助于构建更加灵活、高效和可持续的 Web3.0 生态系统。

二、存储：去中心化存储和数据存控分离

（一）激励措施助力分布式存储网络建设与运行

随着互联网服务变得更加集中，用户严重依赖少量的服务提供者。超

文本传输协议是一种脆弱的、高度集中的、低效的、过度依赖协议的骨干，集中式服务器很容易成为目标。Web3.0 直接改变了传统存储系统的运行模式，相较于 Web2.0 时代的数据存储由数据中心负责运行与建设，Web3.0 的部署会利用区块链构建分布式的可信网络，采用存储池化技术，将边缘存储与数据云存储改造成巨大的分布式网络存储，并通过通证的激励与惩罚措施，吸引更多节点参与到存储网络建设，促使各个分布式节点为存储内容提供安全保障。现在活跃的文件币（Filecoin）、蜂群（Swarm）和阿维（Arweave）都是具有经济激励机制的分布式网络存储，据统计，截至 2021 年年底，全球分布式网络存储空间约为 16.7EB，预计 2025 年全球分布式网络存储空间将达到 325EB。

（二）用户数据存储和应用控制存储相分离

用户数据的存控分离是实现自主管理的基础，相较于 Web2.0 时期的"用户创造、平台存储、平台占有"的现象，Web3.0 时代的存储系统需要支撑用户数据存储和应用控制存储的有效分离，通过文件切片、隐私计算与分布式管理等技术将数据内容所有权从存储控制者手中剥离，实现"用户创造、用户占有、用户受益"的新型数据权益格局。现阶段，"去中心化应用—智能合约—分布式存储"的存控分离运营模式已见雏形，在"以太坊宇宙"中，去中心化应用通过用户授权，利用智能合约调用与检索蜂群和星际文件传输系统中存储的数据，实现存控分离的数据流动闭环。

三、通信：安全、去中心化和加密的新范式

网络架构扁平化驱动面向数字对象的细粒度通信。Web3.0 丰富了网络标识对数字对象的映射范围，多种异构网络主体将以不同通信协议接入网络并进行端到端的交互。不同于 Web2.0 以接入网、承载网及核心网构建的层次化网络架构，Web3.0 网络架构将更偏重于对等方之间通信，扁平化的

网络架构也驱动了面向用户主机通信到面向数字对象通信的演进，边缘网关等通信节点需兼容多种网络接入协议及异构通信协议，以支持数字对象的对等互联。例如，以太坊消息推送服务（Ethereum Push Notification Service，EPNS）通过兼容现有通信协议，为 Web3.0 应用账户、设备、虚拟实体等细粒度数字对象提供跨区域、跨平台甚至跨协议消息推送服务（2022 年 1月主网上线以来，以太坊消息推送服务已经通过 100 个通信设备向近 6 万名 Web3.0 用户发送了超过 1700 万条推送通知）。

数据要素价值化带动面向数字钱包的内生可加密通信。Web3.0 借助数字钱包作为可信网络入口，经由服务代理接入不同领域的应用，并与其他对等方的服务代理进行交互。相比 Web2.0 时代以数据传输为导向的通信互联，Web3.0 时代将构建面向数字资产管理流通的价值互联。在此基础上，借助数字钱包建立面向数据要素、数字资产的内生加密通信，将为 Web3.0 价值互联提供可靠的安全保障。数字钱包所在终端的应用部署需兼容多种数字资产协议，以及其交易功能服务代理需内生加密安全验证协议和隐私保护算法，以保证数字钱包加密交互。例如，可扩展邮件传送协议（XMTP）是一种 Web3.0 面向数字钱包的即时通信协议，旨在通过构建一个开放的、加密原生的通信协议连接社区、应用程序和用户，并以此防止垃圾邮件、过滤不可信消息来源及消除钓鱼链接等（可扩展邮件传送协议于 2021 年 9 月获得 A 轮 2000 万美元的融资，当前正处于开发阶段，上线后将为全球近 8100 万数字钱包用户提供数字资产管理、加密通信交互等功能）。

身份管理的自动化带动基于身份标识的可认证通信。基于身份标识的可认证通信是 Web3.0 中的一个重要趋势。它允许通信双方通过数字身份验证确保对方的身份，并建立可信的通信环境。这种通信方式有助于减少垃圾信息、欺诈和网络钓鱼攻击，提高了通信的可信度。Web3.0 通过用户对分布式标识的控制实现了数据主权的回归，而网络实体间的可信连接依赖于对身份标识的认证。一方面，通过对交互内容的数字签名加密，能够保证消息来源的可靠性及可用性；另一方面，通过数字身份的认证能够有效为用户间的交互建立起访问控制，保证了通信连接的机密性。因此，网络路由及交换机等设备需要添加中间件与基于区块链的分布式密钥基础设施交互，通过身份标识验证及身份信息寻址实现网络实体间的可信互联。当前，为了保证多源数字身份协议间的可认证通信，去中心化身份基金会（DIF）正在推动DIDComm 协议，通过验证去中心化身份（DID）标识持有者的公钥信息，为多方网络主体间建立一个面向消息的、与传输无关的对等方交互通信协议，以此保证对等方安全互联。

第四章

Web3.0 场景应用

Web3.0 依托去中心化的区块链网络部署智能合约，支撑去中心化应用的运行，为用户提供更加安全可信、开放自主的数字化服务。分布式应用的核心理念是由数据驱动的价值分配和价值流动，其应用模式是由区块链技术支撑的分布式网络保障了数据的确权属性，由智能合约驱动的系统运行规则

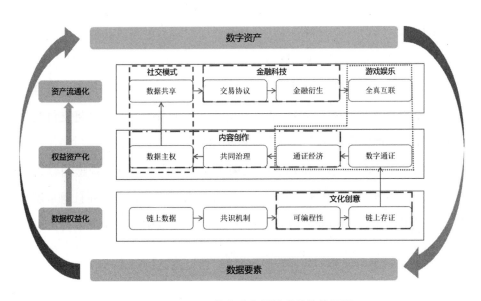

图 4-1　Web3.0 分布式应用模式的价值闭环

让应用生态系统中的所有数据贡献都能以数字资产的形式捕获价值，最终形成了从数据权益化、权益资产化到资产流通化的价值闭环（见图 4-1）。

Web3.0 应用模式在不同行业背景下具有不同侧重点，但依赖由智能合约构建的基于分布式网络、分布式数据库、分布式存储、分布式计算、分布式账本、分布式治理的应用程序，均遵循开源开放的技术框架、透明共治的治理机制、共建共享的利益分配三个核心特点。

接下来本章将详细介绍 Web3.0 技术如何跨越行业界限，驱动不同行业的创新与转型。从金融服务的重新定义、内容产权的保护、游戏行业的价值重塑、文化创意的创新传播、社交媒体的隐私保护，到供应链的透明化和效率提升，本章将阐述 Web3.0 如何催生一个开放源代码、透明共治以及共建共享的时代，并揭示相关技术如何共同塑造一个更加分散、公平且高效的数字未来。

第一节　金融科技场景应用

Web3.0 技术帮助金融机构为用户提供更安全、更高效和更便捷的支付服务，探索新的商业模式和创新方案，在金融科技领域也有着巨大的潜力。传统的支付系统通常需要通过第三方中介机构进行交易验证和清算，安全性和效率都存在不足。基于 Web3.0 技术构建的支付系统可以直接将支付交易记录在不可篡改的区块链上，并且可以利用智能合约自动执行支付操作，从而提高效率和降低成本，帮助金融机构实现更加公平、更加普惠的金融服务。例如，传统的融资服务往往只面向一小部分高净值客户，而且通常需要进行烦琐的审批程序和抵押物质。基于 Web3.0 技术构建的融资平台可以利用智能合约实现自动审批和清算，从而简化了工作流程并提高了交易的公正性。

去中心化金融（DeFi）是 Web3.0 在金融科技方面较为成熟的应用场景，

利用智能合约和预言机打造一个基于 Web3.0 的开放金融系统，旨在无须依赖第三方机构的条件下，为用户提供各项金融服务，并支持一体化和标准化的经济体系。去中心化金融可以实现点对点的金融交易，而不需要第三方机构，使交易成本大幅下降，交易效率大幅提升。去中心化金融交易直接发生在交易双方之间，可以支持更为详细、更为多样化的交易细节设计，充分满足人们的金融需求。去中心化金融给金融市场提供了更大的创新空间，被认为是一场"新金融革命运动"。

在金融应用实践中，去中心化金融主要包含去中心化交易和去中心化借贷两种应用模式。如图 4-2 所示，在 Web2.0 中心化的金融系统中，用户需要将资金托管至第三方交易平台或银行等金融机构，依赖这些中心化机构的信用和运营来保障资金的安全与交易的执行。相对地，在去中心化金融中，用户无须将资金托管至第三方交易平台，而是存放在智能合约创建的资金池中，按照协议约定的规则自动执行资产交换。随着区块链技术与金融场景的深入融合发展，截至 2023 年 11 月，全球去中心化金融资产规模约为500 亿美元。

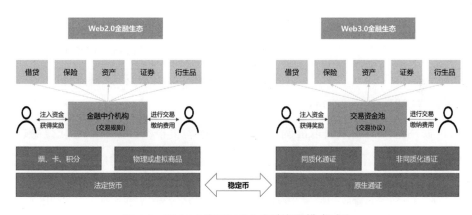

图 4-2　Web2.0 和 Web3.0 金融应用模式对比

Uniswap 是去中心化金融中的自动化资产交易所，通过智能合约在以太坊上实现自动化的资产交易。去中心化交易所主要有两种形式：订单簿做市和自动做市商。Uniswap 引领了去中心化自动做市商潮流，其代码被很多其他协议借鉴。Uniswap 目前已在以太坊等四条主流公链中部署运行，当前市值为 36 亿美元，2023 年 Uniswap 平台完成了 4300 万笔交易，是 Web3.0 金融应用中最大的去中心化交易平台。

Uniswap 的核心是采用基于"恒定乘积"定价模式的自动化做市商（Automated Market Maker，AMM）[①] 机制，并且，该平台采用完全开源的去中心化协议 Uniswap 构建流动性池。流动性池里有两种可供交易的资产通证 A 和通证 B，并通过智能合约进行连接。通过观察流动性池中通证的配比，可以得出流动性池中两种资产的报价，在某特定时刻，Uniswap 提供的限界价格＝通证 A 储量／通证 B 储量。在交易前后，两种资产储量乘积不变。

Uniswap V2[②] 通过一种独特的方式在区块链上累积和存储价格数据，并提供了一个难以操纵且广泛分散的定价系统。在 Uniswap V2 中，存在交易对[③]，交易对的价格不是随意设定的，而是通过一套特别的机制来确定：每当区块链上生成一个新区块，系统就会计算出每个交易对在此之前的市场价格，这个价格基于上一个区块中记录的最后一笔交易，这就意味着，如果有人想要操纵市场价格，他们需要在一个非常短的时间窗口内完成大量交易，这样做的成本非常高，几乎是不可行的。此外，Uniswap V2 还将这些价格信息添加到一个叫作累积价格变量的东西中，并对这些信息随时间进行加权，这就创建了一个可以追溯任何时间段内的平均价格的机制，外部合约可以使用这个机制来获取准确的时间加权平均价格。许多去中心化金融应用，包括类似于衍生品、贷款、保证金交易、预测市场等的应用，链上价格

---

① 自动化做市商是一种在去中心化交易所中使用的交易模式，在这种模式下，用户存入资金形成流动性池，从而允许交易对之间的交易，流动性池通过智能合约和算法来管理。

② Uniswap V2，Uniswap 协议的第二个版本，于 2020 年 5 月推出。

③ 交易对是两种不同资产通证的配对，它允许用户将一种资产通证换成另一种资产通证。

反馈都是一个关键组成部分。

　　Uniswap 工作原理如图 4-3 所示，Uniswap 设计了交易和流动性管理两种智能合约。一种是交易模块，支持以太币和 ERC–20 通证之间、ERC–20 与 ERC–20 通证之间的兑换。另一种是流动性管理模块，每个交易对的流动性都通过一个单独的以太坊合约来管理。用户既可以添加某个交易对流动性，也可以取出某个交易对的流动性，即为做市商池充 / 提通证的过程。如果某个交易对还没有建立，用户可以通过增加流动性的方式，创建这个交易对的做市商池。

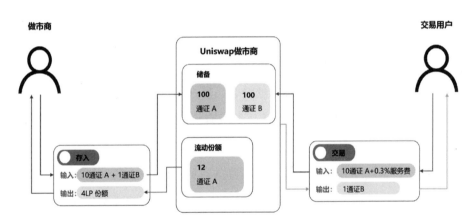

图 4-3　Uniswap 工作原理

　　从技术演进看，Uniswap V3[①] 通过集中流动性精细控制资金分配。Uniswap V3 通过集中流动性使流动性提供者能更精细控制，将资金分配到合适的价格区间。在 Uniswap V2 中，流动性沿 $xy=k$ 价格曲线均匀分布，即将资产分配在 0 到无穷大的连续区间内，但是对于大多数资金池而言，这种流动性的大部分从未投入使用，流动性提供者仅从使用部分资金赚取费用，这可能无法适当补偿他们通过持有两种通证的大量库存而承担的价格风

　　① Uniswap V3，Uniswap 协议的第三个版本，于 2021 年 5 月推出。

险。在 Uniswap V3 中，流动性提供者可以将其资金集中在自定义价格范围内，以期望的价格提供更多的流动性。相对于 Uniswap V2，这项技术改进使 Uniswap V3 中的流动性提供者可以提供高达 4000 倍资本效率的流动性，从而获得更高的资本回报。

Uniswap 作为中心化自动做市商中的一员，以其创新性和开放性引领了行业潮流，它采用简洁的"恒定乘积"定价模型，使得资产交换简单、直接且高效，并且通过代码开源促进了生态系统的广泛协作和创新，加速了整个去中心化金融领域的成长。

第二节　内容创作场景应用

内容创作是一种艺术和技术的结合，旨在通过各种形式如文章、视频、播客和社交媒体帖子等，创造引人入胜且有价值的信息和作品。内容创作的核心在于传递信息、分享知识、激发灵感并促进交流，通过与受众建立深层次的联系，最终实现教育、娱乐或激励的目的。Web3.0 的兴起为内容创作开辟了新的可能性，通过提供更加去中心化和安全的平台来分发内容，为内容创作者提供了全新的创作体验。

基于 Web3.0 的内容创作主要优势是创作者拥有其创作内容的所有权和控制权。首先，Web3.0 重新定义了内容创作方式，对改善传统内容创作中创作者对第三方平台的严重依赖、创作者收益有限、创作质量低下等问题有重要意义，成为所有权经济的最佳实践。基于 Web3.0 的内容创作为用户提供了一个去中心化自治组织的快速创建方式，创作者能够通过创作内容代币化发行，构建清晰所有权及利益分配模式，支撑高质量内容创作，并形成良性螺旋增长创作应用生态。

其次，Web3.0 为围绕特定内容构建社区提供了新的机会。Web3.0 中去中心化平台允许创作者与其受众之间进行更直接的互动，并促进围绕特定内容领域创建在线社区，有助于提高受众的参与度和忠诚度，同时支持新创作者的成长和发展。例如，HypeDAOs 是一个去中心化平台，允许内容创作者围绕他们的工作进行协作并建立社区，通过支持创作者汇集资源并共同工作，为内容创作者创造了一个更具支持性和协作性的环境。

最后，Web3.0 在内容创作过程中增加了透明度，能够提供问责机制。通过基于区块链的去中心化平台，内容创作者可以跟踪其内容的分发和使用，确保他们的工作得到公平的补偿，有助于激发创作者的创作热情。例如，Audius 是一个去中心化的音乐流媒体平台，它允许艺术家跟踪其所创作的音乐的使用情况，并且通过创建一个更加透明和公平的音乐货币化系统，允许艺术家直接从粉丝那里赚取加密货币，充分激发了艺术家的创作热情。

如图 4-4 所示，在 Web2.0 环境下，内容创作主要依赖于第三方平台，创作者面临信息变现难题，往往追求流量以实现变现，导致高质量内容难以获得应有的回报。而 Web3.0 模式下，创作者可以直接获得内容的所有权和控制权，实现原生价值变现，支持通过众筹和拍卖等方式直接从受众那里获得收益，从而使内容质量成为成功的关键因素。这一转变为创作者提供了更公平的收益分配机制，从而激励创作者创作更优质的作品。常见的 Web3.0 内容创作分为创作者通过创作平台发布内容、创作者将内容铸造成 NFT 进

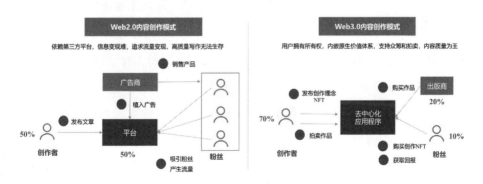

图 4-4　Web2.0 和 Web3.0 内容创作模式对比

行销售、创作者通过社交通证发行平台发布内容以获取通证奖赏三种业务模式。

Mirror.xyz 是一款由创作者主导的内容创作平台，其业务模式属于创作者通过创作平台发布内容，该平台由丹尼斯·纳扎罗夫（Denis Nazarov）创建，于 2020 年推出。Mirror.xyz 是 Web3.0 理念的集大成者，基于以太坊运行，组合了多个区块链网络的优势，包括加密原生货币、数字身份、以太坊域名服务（Ethereum Name Service，ENS）、去中心化网络存储等。

Mirror.xyz 允许创作者创作和发布各种形式的内容，并以 NFT 所有权经济改变原先的内容创作、消费和营利模式。Mirror.xyz 为内容创作提供了一个去中心化自治组织的快速创建方式，内容创作者可以通过众筹活动获得启动资金，而支持者们则享有项目最终价值的分成。当内容创作者发布作品时，会为原始作品创建一个不可替代的通证，并通过通证来销售文章，通证也可以当作社区的一种证明，以此来奖励贡献者。

Mirror.xyz 具备无须许可账户系统、永久存储、高可扩展等特点。在账户管理方面，Mirror.xyz 通过绑定数字身份，内嵌原生货币，集成域名服务 ENS，让创作者拥有其创作内容的控制权和所有权，Mirror.xyz 支持绑定用户自己的 ENS 域名，同时也为每个创作者生成一个由 ENS 域名打头的 Mirror.xyz 子域名作为内容发布平台主页，实现与原有互联网网页的兼容。在内容存储方面，Mirror.xyz 支持数据永久存储，为创作者提供了一个快速编辑和发布原创内容的渠道，同时支持去中心化数据存储协议 Arweave 存储数据，其中 Arweave 存储的内容会以 Arweave 交易 ID、贡献者以太坊地址和内容摘要三种元数据显示。在可扩展性方面，Mirror.xyz 作为一个开放平台，支持任何平台无缝集成 Mirror.xyz，自身也支持集成其他成熟的平台工具，Mirror.xyz 作为一个融合工具，吸引了大批开发者们自发创建工具助力平台发展，包括文章搜索工具 Ask Mirror.xyz、中文文章精选 Bress、博客生成 RSS 工具 SubMirror.xyz 等。同时 Mirror.xyz 自身也支持对现有工具的集成，例如，登录端连接 MetaMask[①] 进行签名、社交属性支持与 X[②] 关联、存储组件使用 Arweave[③] 永久存储媒介。

　　Mirror.xyz 为内容创作者提供了一个集成多种工具的多元化平台，改变了旧有低效的内容创作方式，为创作者带来实际价值，但是作为一款初生的应用尚有一些功能需要进一步完善。比如 Mirror.xyz 平台功能还不够完善，缺少内容搜索和订阅功能。Mirror.xyz 作为一款内容创作和社交工具，没有类似传统网站首页数据聚合和搜索功能来引流，内容创作者共享是唯一的信息获取渠道。同时 Mirror.xyz 没有传统社交网络订阅内容的功能，只能通过收藏个人主页并进行刷新来获取最新动态信息，用户友好度不高。

第三节　游戏娱乐场景应用

　　Web3.0 游戏通过数字资产让游戏中的货币、道具、资源、游戏行为得到确权，赋予了开放经济系统下自由流通的属性，为游戏产业注入了活力。另外，游戏的资产权、创作权、治理权由玩家拥有，而不是被中心化游戏公司掌握，给游戏产业带来了更强的公平性和开放性。

　　Web3.0 游戏成功的一个主要因素是生态系统的自主运营以及最少的中央机构干预，Web3.0 游戏使用投票共识来改变游戏过程，这种方法催生了去中心化自治组织，如今，大多数 Web3.0 游戏都是基于这种治理体系。此外，Web3.0 游戏将控制权转移给玩家，消除了第三方的干扰。Web3.0 在游戏领域除了为玩家带来真正的去中心化和权利外，还可以根据玩家的需求量身定制游戏环境。

---

　　① MetaMask 是用于与以太坊区块链进行交互的软件加密货币钱包。它可以通过浏览器扩展程序或移动应用程序让用户访问其以太坊钱包，与去中心化应用进行交互。

　　② X，曾用名 Twitter，是源于美国的微博客及社交网络服务平台。它可以让用户发布不超过 280 个字符的消息，这些消息也被称作"帖子"。

　　③ Arweave 是一个基于区块链的文件存储平台，旨在克服区块链数据存储中存在的可扩展性、数据可用性和成本问题。

如图 4-5 所示，同传统游戏相比，Web3.0 游戏中游戏发行方和玩家的关系从"企业与消费者"转变为"利益共同体"的关系。在传统游戏中，游戏发行方通过为玩家提供游戏娱乐体验从而获取收益。在 Web3.0 游戏中，资产增值带来的收益由玩家、游戏发行方及通证持有者共同所有。游戏发行方不再独享游戏收益，而是从游戏内经济活动的活跃性中获取税费。玩家作为游戏生态中的重要参与者，在获取游戏娱乐价值的同时拥有所持资产的潜在增值空间。2023 年 11 月，Web3.0 游戏的每日独立活跃钱包数量最高达到 120 万个，Web3.0 游戏的去中心化应用内交易总额达到 850 万美元。

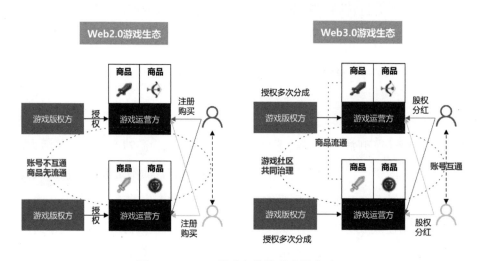

图 4-5　Web3.0 游戏与传统游戏模式对比

以当前备受欢迎的 Web3.0 游戏 Axie Infinity 为例，该游戏由越南初创公司 Sky Mavis 创建，是运行在以太坊上的去中心化卡牌策略游戏平台。这款游戏的最大特点是任何玩家都可以通过游戏行为和对游戏生态系统的贡献赚取资金。相比传统游戏中用户处于被动地位，Axie Infinity 允许用户通过投票来决定是否对游戏进行升级改造，并且允许用户将游戏中的资产变现，提高了用户参与的积极性，提升了用户的使用体验感。

Axie Infinity 当前市值超过 10 亿美元，在游戏峰值时，每日活跃玩家数量接近 200 万人，相关通证和 NFT 资产的日交易量峰值超过 4 亿美元。Axie Infinity 通过对游戏内资产交易收取手续费的方式，在游戏最火热的 30 天内营利 3.34 亿美元。目前 Axie Infinity 凭借着不断丰富的战斗、繁育、家园玩法，持续吸引更多玩家加入。

Axie Infinity 的灵感来自成功的神奇宝贝游戏系列，Axie Infinity 游戏主要由 4 个板块组成，分别是战斗系统、繁殖系统、土地系统和交易系统。Axie Infinity 的核心功能是收集、交易和战斗 Axie，每个 Axie 都有一系列特征，这些特征会影响其战斗机制以及其他玩家对它的渴望程度，并最终影响它在游戏市场上的价格，Axie Infinity 的新玩家需要购买至少 3 个 Axie 才能开始进行战斗。

玩家除了可以通过玩家对玩家（PVP）战斗或参与任务来赚取奖励之外，还可以培育 Axie 来创造新的后代。复杂的遗传特征系统决定了新培育的 Axie 将具有的特征，游戏内的 Axie 交配中心可帮助玩家计算成功培育具有稀有或强大特征 Axie 的机会。

在土地系统中，虽然目前的 Axie Infinity 游戏在土地上只有交易场景，没有使用场景，但难得的是，土地所有者对地块上产生的任何资产都有优先获取权。在交易市场中，玩家可以购买、出售 NFT 幻想宠物及相关地块。

Axie infinity 爆红的原因除了良好的游戏体验之外，还有两点：其一，Axie infinity 打破传统游戏中由游戏发行方独享游戏收益的模式，使玩家与平台能够共享收益；其二，通过 NFT 提供一种基于区块链的不可分割且独一无二的数字资产形式，为游戏中的数字资产引入去中心化的流通标准，并结合去中心化金融的经济模式，进一步降低游戏资产变现的难度。

第四节　文化创意场景应用

如前文所述，NFT 是使用区块链技术，对文创作品生成的唯一数字凭证，可以用于唯一标识和验证数字资产的所有权和交易历史记录，这些数字资产可以是数字艺术品、音乐、视频、游戏道具等各种形式的创意作品。与传统的数字产品不同，NFT 是独特且不可替换的，每个 NFT 都有其唯一的数字身份。

NFT 在文化创意产业扮演着重要角色，NFT 技术使文化创意作品的创作者和拥有者可以更好地保护自己的知识产权并实现价值的最大化。在传统的文化创意产业中，创作者通常会面临盗版、版权争议和未经授权的使用等问题，其收入和声誉会受到损害。借助 NFT 技术，数字作品的所有权可以被加密和记录在区块链上，从而防止他人擅自复制和使用这些作品。此外，通过 NFT 技术，艺术家还可以将自己的作品转化为数字形式，便于全球范围内的传播和交易。同时，NFT 还可以使文化创意作品的拥有者实现更加公平和合理的价值分配。智能合约和密码技术可以保障 NFT 安全访问与传输，保障作品创作者、所有者享有作品在全生命周期中产生的收益，形成所有权经济新价值分配模式，构建起全新文化创意生态。

如图 4-6 所示，NFT 助力实现文化领域的应用落地主要基于两条路径。路径一是数字原生类。即利用"数字艺术创作 +NFT"技术为网络注入新型数字原生资产，例如典型热门项目无聊猿游艇俱乐部（BAYC）、加密朋克（CryptoPunks）等。路径二是资产通证化。即利用 NFT 技术将线下实体、文物等通证化，实现应用场景和模式创新，例如博物馆推出的数字文物

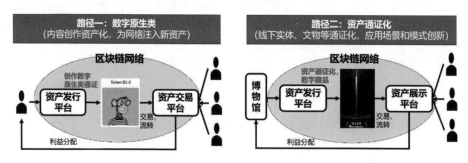

图 4-6　数字藏品业务模式

藏品。

　　加密朋克是当前文化创意领域最具影响力的 Web3.0 项目之一。加密朋克的发布日期为 2017 年 6 月，由美国工作室 Larva Labs 开发。作为数字原生领域的先驱和潮流，加密朋克不只是一些简单的像素图像，更是一种独特的文化符号，一种反映了当代社会与价值观的艺术形式。

　　加密朋克是具有收藏价值的加密艺术作品，最初加密朋克是通过算法生成的 10000 个图像，每个加密朋克都是独一无二的。作为最早一批著名的 NFT 项目之一，加密朋克激发了许多数字货币艺术家的灵感，甚至推动了数字收藏品 ERC-721 代币标准的发展。在部分加密朋克形象以数百万美元出售之后，加密朋克已经成为最昂贵的 NFT 之一。

　　在加密朋克项目发布之初，任何拥有以太坊钱包的人都可以免费领取加密朋克数字图像，而现在想要拥有加密朋克，只能通过二级市场或者项目官网购买、竞价和出售。加密朋克的数字头像存储空间太大，其无法存储于区块链上，Larva Labs 对所有的加密朋克进行了哈希处理，并将其嵌入到智能合约中，用户可以通过计算加密朋克图像上的 SHA256 哈希值并将其与存储在合约中的哈希值进行比较，来验证自己加密朋克的真实性。

　　然而，随着 NFT 的日益普及，该领域涌现出大量新的数字艺术、NFT 项目和收藏品。竞争的加剧使加密朋克难以长期保持其地位和价值。同时托管加密朋克藏品的以太坊区块链面临着扩展性问题，导致交易费用高昂和确认时间缓慢。此外，加密朋克在监管方面面临的问题也不容忽视，目前有关 NFT 和加密货币的法规仍在制定中，不同司法管辖区采取的方法各不相同。因此，加密朋克和其他 NFT 可能面临监管风险和潜在的法律后果。

第五节　社交媒体场景应用

　　在过去的十年中，社交媒体平台彻底改变了人们的社交互动方式，成为日常生活中不可或缺的一部分。自从聚友①和脸书诞生以来，社交媒体为我们提供了前所未有的交流体验。然而，随着 Web3.0 的兴起，传统社交媒体平台被迫重新思考其模式，以便在快速发展的数字环境中继续生存。

当前基于 Web2.0 的社交方式存在一些局限性，其中就包括平台之间不互通和用户信息被占据的问题。具体来说，在 Web2.0 的社交体系中，不同的社交平台无法分享彼此的信息和数据，例如在某个购物网站上，用户 A 和用户 B 作为买家和卖家进行交易；同时，在一个游戏社区里，由于他们都热爱同一款游戏，因此成为好友并频繁交流。然而，由于购物网站和游戏社区之间没有数据共享，用户 A 和用户 B 并不知道对方在另一个平台上也有相似的兴趣和活动。这种情况说明了在 Web2.0 社交方式中，信息的孤岛问题阻碍了用户发现在不同平台上可能存在的更深层次的联系。二是目前的社交平台环境下，用户个人信息被平台占据。换句话说，在 Web2.0 中，用户是平台产品的组成部分，中心化的社交平台将用户分割，并将用户创造出的内容据为己有，以此牟利，甚至侵犯用户的隐私。

如图 4-7 所示，不同于 Web2.0 社交中的身份碎片化和平台不互通，Web3.0 社交的核心是通过重构一个去中心化可验证的社交图谱，解决现在社交方式中平台不互通、用户信息被平台占据的问题。一方面，Web3.0 通过在网络架构中嵌入身份层，以此将社交图谱数据的所有权还给用户，形成完整用户画像。Web3.0 还通过建立一个去中心化的社交图谱协议，以用户为中心，实现用户社交图谱数据的创建、更新、查询和验证。用户真正拥有可携带的属于自己的社交图谱，让用户有权利在不丢失任何人际关系数据的情况下切换网络服务，这是 Web3.0 提供的核心公共服务之一，也是让社会服务良好运转的最佳方法。另一方面，Web3.0 社交建立了新的数据网络循环体系。用户可以拥有自己的数据，开发者也可以更流畅地将应用程序组合

---

① 聚友网（MySpace.com）成立于 2003 年 9 月，它为全球用户提供了一个集交友、个人信息分享、即时通信等多种功能于一体的互动平台。

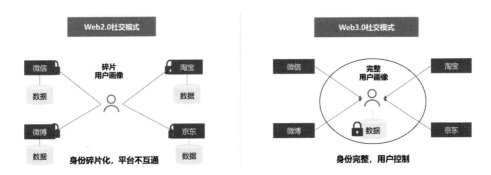

图 4-7 Web2.0 和 Web3.0 社交模式对比

起来，促进了开发者之间的大规模合作，在用户和开发者之间形成一个全球性的数据网络循环效应。

典型的 Web3.0 社交项目 CyberConnect 由 Lino 区块链创始团队于 2021 年 9 月创立，总部位于美国加利福尼亚州帕洛阿尔托，当年 11 月获得种子轮融资 1000 万美元。CyberConnect 是一个多链去中心化社交图谱协议。社交图谱是指所有用户社交信息的全局映射，它反映了用户个人、用户间的联系，以及用户间的互动和行为，CyberConnect 致力于将社交图谱数据的所有权和使用权返还给用户。

CyberConnect 已部署于以太坊主网、Polygon[1]、Solana[2] 和 BNB Chain[3] 上。它支持开发人员开发社交应用程序，让用户能够拥有自己的数字身份、内容和数字化渠道。截至 2023 年，CyberConnect 协议有超过 35 万用户注册，市值超过 7500 万美元。

CyberConnect 的主要特点包括去中心化、可验证性及数据读写用户自

---

① Polygon，又称为 Matic Network，是一个用于构建互联区块链网络的框架，Polygon 旨在解决以太坊吞吐量低、交易延迟和缺乏社区治理等限制。

② Solana 是一个快速、安全且可扩展的区块链平台，Solana 能够高速处理数以万计的交易，非常适合需要高性能和快速交易确认的应用场景。

③ BNB Chain 是由加密货币交易所 Binance 推出的区块链平台，旨在提供更快速、更安全的交易体验。

主性。CyberConnect 通过社交图谱模块和推荐索引器，为下一代去中心化应用程序提供一个通用的数据层，用于嵌入有意义、特定背景的社交功能。CyberConnect 使用编解码器强制执行数据签名，打破了将用户数据存储在中心化服务器中而导致数据真实性无法保障的困局。去中心化应用程序在嵌入 CyberConnect 的代码后即可获取 CyberConnect 的社交图谱数据，但是否授权应用读取数据完全由用户决定。去中心化应用程序无法像目前 Web2.0 中的社交平台那样可以随意读取数据，因此数据的主权回归到用户手中。

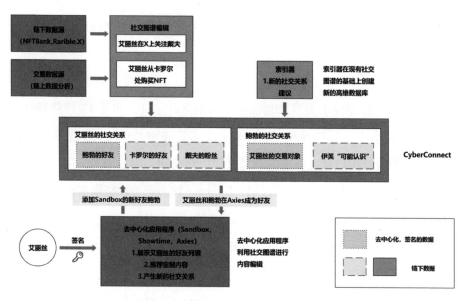

图 4-8　CyberConnect 数据技术架构

　　图 4-8 是 CyberConnect 的数据技术架构图。CyberConnect 的数据来源主要有四个方面。首先，链下数据源和交易数据源中的数据被抓取并进行组织和整合；其次，索引器根据已有的链下社交图谱形成新的数据；再次，用户授权在去中心化应用程序上使用 CyberConnect 登录后，其社交图谱的数据也将被 CyberConnect 抓取；最后，CyberConnect 将已有的社交图谱数据结合，形成在 Web3.0 上的社交图谱。

CyberConnect 目前还存在两点挑战。一是链上资产的隐私问题。CyberConnect 是基于钱包地址实现身份验证，这使用户在链上的资产变得完全公开透明，财产的隐私问题可能影响用户的规模化发展，对此，有人提出自主展示和隐藏个人信息及相关内容的权利也应交到用户手中。二是去中心化应用程序的商务拓展资源问题。从技术架构中可以得知，CyberConnect 目前主要通过与去中心化应用程序完成数据共享的方式将内容呈现给用户。因此，除了"个性化推荐"或"可能认识的人"外，还需要更多拓展吸引用户的呈现方式，否则难以完全发挥作用。

CyberConnect 带来了两个希望。一是建立新的数据网络循环体系。当用户拥有自己的数据时，开发者也可以更流畅地将应用程序组合起来，这使所有开发者之间可以进行合作，在所有用户和开发者之间形成全球性的数据网络循环效应。二是让用户真正拥有可携带的属于自己的社交图谱。让用户有权利在不丢失任何人际关系数据的情况下切换网络服务，同时能够携带以往的关系网络，是 Web3.0 可以提供的核心公共服务之一。

第六节　供应链场景应用

现有的供应链行业在一定程度上存在信息不对称、信息兼容差、数据流转不畅通等问题，导致社会化物流中生产关系的信任成本越来越高。目前企业的物流系统都是中心化的，为了实现物流供应链上下游企业之间的数据共享与流转，企业之间的接口对接工作十分繁重，而且，即使通过现有技术实现数据的互通，也无法保证数据的真实性和可靠性。此外，商品的真实性和可靠性无法得到完全保障，特别是食品和药品，中心化的供应链无法保证商品供应链中的所有参与方都能够提供绝对真实可靠的商品信息。

Web3.0 是智能合约、分布式账本和人工智能等技术的融合，这些技术共同构成了 Web3.0 技术的基础堆栈。如图 4-9 所示，将 Web3.0 方案与供应链和物流集成后，可提供多元化的物流和供应链解决方案。Web3.0可以通过分布式数字身份与标识、跨域数据流通等技术，使消费环节中的参与方可以直接互动，降低信任成本；供应链环节基于Web3.0提供的数据安全隐私保护、可信存证服务网络等基础服务，打造合规可监管、高性能、安全的数据可信流通环境，从而提高第三方机构服务水平和实现有效监管；此外，Web3.0集成供应链提高了整个供应链管理和物流监管的透明度，并降低了管理成本和安全风险，同时增加了物流供应链的可追溯性。

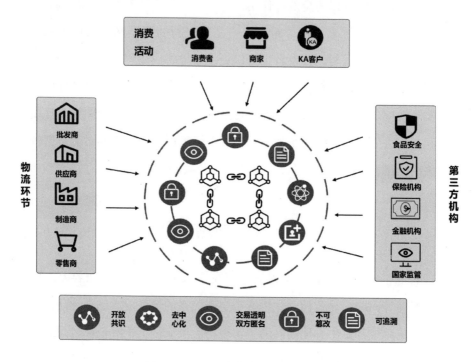

图4-9　Web3.0架构供应链解决方案

基于Web3.0，我们可以期待构建一个更加互联、高效和透明的供应链管理体系。随着区块链、智能合约及其他去中心化技术的成熟和广泛应用，未来将出现更加动态的供应链网络，该供应链网络能够实时响应市场变化、自动调整供应链策略，这将促进全球供应链的协同工作，降低交易成本，增强供应链抵御风险的能力。从长远来看，Web3.0 技术的融入有可能重塑供应链管理的传统模式，引领供应链向着更加分布式、智能化和客户中心化的方向发展。

亚马逊使用 Web3.0 技术提高了供应链管理的透明度、安全性和效率。首先，通过利用基于分布式账本技术的追溯系统，亚马逊打造了安全可信的信息追溯系统，能够在整个供应链中实现实时追踪产品，提高供应链的透明度，降低欺诈风险，并让消费者更加了解产品来源。其次，亚马逊借助分布式数字身份与标识技术，使供应链中参与企业和个人可以更安全、高效地管理和保存其数据。同时借助 Web3.0 中的分布式存储方案和加密技术，亚马逊可以确保数据在传输和存储过程中的安全性，减少数据泄露风险。最后，亚马逊借助 Web3.0 技术降低物流成本，Web3.0 提供跨域数据流通解决方案，提高数据传输和沟通的效率，通过这种方式，企业可以更好地协同全球合作伙伴，优化配送路线和运输方式，从而降低整体物流成本。

在食品和农业供应链条，Web3.0 技术可以跟踪整个供应链中的产品，以便在发生食品安全紧急情况时快速作出反应。通过提供详细的食品供应链信息，提高客户对食品的信任度。目前，各国的食品安全法均要求食品公司了解产品的来源和下一步的去向。传统的供应链系统阻碍了整个食品生命周期的可见性。因此，公司可能需要几天甚至几周的时间才能追踪食源性疾病暴发的原始来源。由于传统记录方式的低可见性，这个时间敏感的过程进一步减慢。亚马逊使用 Web3.0 方案管理供应链，食品公司可以获得供应链的端到端可见性。通过共享账本，公司可以快速识别污染源，以限制受影响的客户数量，同时保持积极的品牌声誉。

目前亚马逊还致力于减少药品假冒现象。假冒药品每年给制药行业造成数千亿美元的损失，同时使数百万人面临风险。借助 Web3.0 技术，制药公司可以通过单独的序列号密切跟踪整个供应链中的药品。网络分类账本按序列号记录生产更新，并作为防篡改的事实来源，降低不法分子犯罪的机会。Web3.0网络自上而下的可见性还使制药公司能够识别为假药进入供应链提供机会的漏洞。由于患者健康风险、严格法规以及药物开发的高昂成本，制药供应链的运营风险特别高。当药物标签错误、受到污染、功效受损或存在制造缺陷时，可能会发生药物召回。借助亚马逊的Web3.0供应链解决方案，制药公司可以更有效地响应并召回药物，以最大限度地降低患者风险，通过精确识别不安全药物来减少财务损失，并发现制造过程中的污染点。

此外，亚马逊还实现了对重要物资资源的保护，例如，钴和钽等矿物已成为各个行业发展的重要组成部分，其价值不断增加，然而这些重要矿物面临着被非法开采并出售给侵犯人类劳工权利的非法团体的风险，当前矿区实现原材料的高度可追溯性是很困难的。亚马逊采用Web3.0集成的供应链使公司能够密切跟踪原材料到消费者的全链条，并限制非法来源的矿物进入供应链。此外，矿业相关的供应链还面临着可持续发展的问题，采矿业是世界上排碳量最大的产业之一，Web3.0技术可以用作跟踪供应链每个阶段的废物、排放和环境影响的工具，可以帮助公司将环境数据记录到分类账本中，以证明其遵守可持续发展原则和环境法规。同时还可以借助Web3.0应用程序帮助和奖励经过认证的可持续的采矿者，通过与Web3.0应用程序合作并实施积极的支持措施，推动可持续采矿事业，促进全球环境保护。

第五章

Web3.0 产业发展

全球 Web3.0 产业刚刚兴起，还未形成较大规模和成熟的商业模式，但我们仍看到了各方对 Web3.0 产业的探索热情。在产业发展政策方面，Web3.0 受到了各国政府的高度重视，世界主要国家纷纷将支持 Web3.0 产业创新发展上升到国家战略层面，争相部署，以期占据主导地位。在产业投资规模方面，Web3.0 产业投资规模持续扩大，截至 2023 年 10 月，全球 Web3.0 产业总融资超 840 亿美元，产业投资成果初步显现。在技术发展方面，Web3.0 产业发展已逐步迈入创新启动阶段，技术体系逐步成型，产业生态初具规模，但技术应用尚不成熟，仍然面临着众多挑战。

第一节　产业政策

2014 年，以太坊的联合创始人加文·伍德提出 Web3.0 的概念，世界各国也开始探索 Web3.0 的概念、技术和应用方向，纷纷将本土 Web3.0 产业发展置于极为重要的位置。纵观全球，大部分国家已经启动了前瞻性的战略规划，包括陆续制定和完善 Web3.0 监管政策和发展策略，以确保在这一数字时代的浪潮中保持竞争优势。

一、国内外政策分析

当前，以美国和新加坡为代表的国家利用其在互联网行业和资本市场活跃度上的领先优势，意图引领全球 Web3.0 发展。以欧盟和日本为代表的国家在上一代互联网发展变革中并未占据主导地位，希望依托当前的互联网产业版图，抓住 Web3.0 新机遇，赢得行业领先地位。以中国为代表的发展中国家作为全球互联网产业的重要参与者，利用其在互联网行业和资本市场的显著活跃度，积极探索 Web3.0 的发展和应用，推动数字经济的进步。而以非洲为代表的互联网和经济尚未得到充分发展的国家和地区，则绕过西方支配的中心化基础设施，通过 Web3.0 重建经济基础设施，通过制定激进的加密货币策略，尝试利用改革扭转格局。

（一）美国高度重视 Web3.0 在金融领域的创新应用

Web3.0 具有促进经济增长的巨大潜力，受到了美国政府广泛的关注和政策支持。2021 年 12 月，美国众议院金融服务委员会在国会山举行了一场名为"数字资产和金融的未来：理解美国金融创新的挑战和益处"的听证会。在这次听证会上，曾任美国货币审计署署长的布里安·布鲁克斯，向国会议员作了关于 Web3.0 的相关报告。这场报告让在场的议员们认识到了 Web3.0 的重要战略意义。从此，"必须确保 Web3.0 革命发生在美国"就成了美国决策层的共识。

2022 年 3 月，美国总统拜登签署了第 14067 号行政令，即《关于确保负责任地发展数字资产的行政命令》（Executive Order on Ensuring Responsible Development of Digital Assets）。虽然这个行政令的主旨是"确保数字资产负责任地发展"，并没有直接提及 Web3.0，但从内容上看，该行政令却涉及了对待 Web3.0 中的关键组成部分——加密资产的态度问题。具体来看，行政令指出，要用数字资产技术加强美国在全球金融体系中的领导地位；财政部等相关机构要制定政策来切实保障美国消费者、投资者和企业的权益；鼓励监管机构加大监管力度，以防范数字资产带来的系统性金融风险，同时研究数字资产在普惠金融方面的创新应用和影响。除此之外，行政令还专门要求联储等相关机构要对央行数字货币（Central Bank Digital Currencies，CBDCs）进行积极的探索。包括对消费者、投资者和企业可能的利益和风险的评估、金融稳定和系统性风险、支付系统、国家安全、行使人权的能力、金融包容性和公平性，以及启动央行数字货币所需采取的行动。

2022 年 6 月，美国共和党参议员辛西娅·鲁米斯和民主党参议员柯尔斯藤·吉利布兰德共同提出了一份长达 168 页的跨党派立法提案——《负责任的金融创新法案》（The Responsible Financial Innovation Act），旨在为数字资产创建一个完整的监管框架。该法案着眼于数字资产领域，关注点在税收、证券监管、商品交易、消费者保护、支付创新、银行业变革以及部门协调等方面。该法案对加密货币资产的重要概念进行了标准化定义，指出数字资产包含虚拟货币、附属资产、支付型稳定币等，并将多数加密货币归为商品，应纳入现有的税法及银行法律框架之内；加强对稳定币的监管，要求稳定币发行具备高质量资产支撑并公开披露相关信息，确保数字资产服务商透明披露产品信息并提供源代码，以实现产品全流程溯源，加强金融机构对数字资产的审查标准。此外，该法案强调了联邦部门间的协调合作，包括去中心化金融研究、能源消耗研究、金融监管安全原则制定等问题，"务实"地回应 Web3.0 在监管中遇到的一些问题。

美国各州政府也在积极推出各种 Web3.0 有关政策，以争夺在 Web3.0 领域的发展先机。2022 年 5 月，加州州长加文·纽森姆（Gavin Newsom）签署了第 N-9-22 号行政命令，主要目的是为 Web3.0 公司创造一个透明的监管和商业环境，并协调联邦和加州法律，平衡消费者的利益和风险等。加州方面认为，根据该命令和 2020 年通过的《加州消费者金融保护法》，该州将为区块链相关公司创造一个"透明和一致的商业环境"。

怀俄明州位于美国北方，是美国人口最少的州，然而近年在 Web3.0 发展势头上颇为猛烈。2021 年 7 月，怀俄明州就在全美率先通过立法，认可去中心化自治组织（DAO）具备合法法律地位，认可去中心化自治组织在法律意义上等同于有限责任公司。这项操作尤为重要，因为如果没有公司性质的立法保障，去中心化自治组织可能被视为普通合伙企业。一旦企业出现问题，只有部分成员会承担责任，而不是全员承担。相关法律的出台使怀俄明州可称为世界上最大的区块链管辖区，这意味着，创造一种真正的、被大众接受的数字货币，现在是有可能实现的。

从上述美国发布的相关政策中可以较容易看出，美国确实已经把Web3.0，尤其是与之相关的金融发展作为其未来国际和区域竞争的一个重点。

（二）新加坡提供监管沙盒，允许金融创新试验

新加坡在 2019 年推出《支付服务法》，概述了新加坡成为数字创新领先经济体的目标，明确了支付服务提供商需要根据服务性质和范围，申请"货币兑换"许可证、"标准支付机构"许可证以及主要支付机构许可证，实现牌照化管理。发展至今，新加坡国家金融管理局对去中心化金融（DeFi）等领域提供包容性更强的绿灯监管方式，如许可牌照未能申请，也可依据豁免条例暂时允许提供特定支付服务。《支付服务法》正式承认了加密货币公司为合法运营企业，为加密货币公司的监管确定性和消费者自身权益提供了保障，同时鼓励支付服务和金融科技的创新和发展，这是新加坡对支付系统和支付服务提供商进行监管的前瞻性框架。

2020 年，新加坡通过了《Crypto 发售指南》，意味着新加坡对 Web3.0行业的监管机制进一步完善。相比 2021 年通过的《证券与期货法》规定了金融管理局所监管的资本市场产品的各种主要类型，《Crypto 发售指南》在

加密货币方面进一步补充，指出金融管理局需要分析个案情况，确定加密货币是否属于资本市场产品，如果属于资本市场产品，那么向公众发售或发行加密货币时将受到新加坡金融管理局的监管。这一政策基本奠定了加密牌照许可与责任明晰的基础。

新加坡企业发展局、新加坡资讯通信媒体发展管理局和国立研究基金会在 2020 年 12 月联合推出一项耗资 1200 万元的新加坡区块链创新计划，旨在促进商业区块链技术的发展。该计划指出，需要加强理解和利用区块链技术的能力，促进新加坡能够充分利用技术力量来创建解决方案，从而改善人们的生活，并使新加坡在新的数字经济中更具竞争力。新加坡区块链创新计划已经吸引了包括跨国公司、大型企业和信息通信技术公司在内的近 75家公司，在贸易和物流等领域构思了未来三年内 17 个与区块链相关的项目。该计划的研究成果将会满足现在的商业需要，还将着眼于在交易率高的环境中采用区块链技术，扩大区块链技术人才库。

2022 年，新加坡金融管理局针对以区块链、元宇宙和 Web3.0 技术为核心的金融科技创新企业，推出了"监管沙盒"政策。这一政策为在现行法规下难以完全符合监管要求或暂时无法达到合规标准的金融创新企业提供了试验场。在这里，这些企业可以获得加密货币的许可牌照，开展实验性工作。这一举措营造了新加坡的有利环境，吸引了众多创新者和企业家将总部或"节点"设立在新加坡，奠定了新加坡作为 Web3.0 领域的重要创新中心的地位。

（三）欧盟在加密资产监管方面处于领先地位

欧盟国家正在积极改变过去互联网发展中难以形成共识的局面，寻求区域联合、协同发展的路径。欧盟于 2020 年开始建设区块链基础服务设施（EBSI），截至 2022 年 7 月，已获得 30 个欧盟国家的参与和支持，覆盖率超过 60%，旨在在欧盟范围内开发跨境区块链服务。2022 年 2 月，欧盟委员会发布《欧盟数字计划》，宣布将继续推进区块链基础服务设施服务创新、区块链标准和数字身份等，持续构建 Web3.0 坚实的技术支撑。同时自 2017 年全球加密货币投资激增以后，欧盟相关部门就认为有必要对加密资产和去中心化金融所产生的市场波动风险、洗钱和恐怖主义融资问题加以规制。同时欧盟银行管理局（EBA）将监督稳定币并要求发行数量受限、要保持最低流通性，将 NFT 列为证券由欧盟证券和市场管理局（ESMA）进行监管，确保在有力监管下拥抱金融领域的数字革命。

（四）日本计划在 NFT、元宇宙领域引领全球

日本政府重视在游戏、动漫动画等与日本文化密切相关的领域发展 Web3.0 业务。2022 年，日本首相岸田文雄在众议院发表声明，表示随着 Web3.0 时代的到来，整合了元宇宙和 NFT 等新的数字服务将为日本带来经济增长，这一言论引发了广泛关注和研讨。2022 年 3 月，日本民党数字社会推进本部发布了《数字日本 2022》白皮书，将 NFT 定位为 Web3.0 的经济引爆剂之一，同时专门设立了 Web3.0 部长，发布《NFT》白皮书、《关于在日本社会开放 Web3.0 的稳定币提案》等政策，围绕游戏、动漫、动画等与日本文化密切相关领域布局 Web3.0，并防止 Web3.0 创业家流向海外，争取顶尖人才只为日本所用。

2022 年 6 月，日本颁布了全球首个稳定币法案，旨在支持 Web3.0 产业在日本的快速发展。稳定币被认为是发展 Web3.0 的关键环节，通过将稳定币和日元挂钩，普通人可以直接用稳定币来购买各种代币。该法案推动稳定币的发展，允许正规持牌机构、银行信托公司作为稳定币的发行人。截至 2022 年 1 月，日本已有超过 30 家获得日本金融厅牌照的加密货币交易所。

2022 年 7 月，日本经济产业省（METI）设立跨部委组织"部长官府 Web3.0 政策推进室"，旨在收集 Web3.0 海内外商业环境问题的相关信息，并与相关部委和机构合作改善 Web3.0 商业环境。据报道，日本经济产业省

还在研究一项向日本加密公司提供免税优惠的提案，以吸引他们继续在日本开展业务，进一步促进日本 Web3.0 行业不断发展。

在众多 Web3.0 生态中，日本主要关注 NFT 和元宇宙方向。2022 年 11 月，日本数字部计划创建一个去中心化自治组织，以帮助政府机构进入 Web3.0 领域。在 NFT 和元宇宙的生态系统中，去中心化自治组织被用来共同制定规则、决策平台发展方向，以及共同管理共享的数字资产和虚拟空间。社区成员通过去中心化自治组织投票、提议和执行决策，管理这些数字资产的所有权、使用权和分配规则。日本政府利用去中心化自治组织的规则来共同决定数字资产的使用和流通方式，使整个生态系统更具自治性和社区驱动。

同时，日本政府计划全面改善 Web3.0 环境，在 2022 年 6 月批准了《2022 年经济财政运营和改革的基本方针》，该政策提出要通过推进更加去中心化的可信任的互联网、扩大及普及区块链上的数字资产、让用户管理及使用自己的数据，来创造新的价值，日本将努力为实现去中心化的数字社会进行必要的环境改善。日本政府的这一举措为 Web3.0 的发展和应用创造了良好的环境和机遇，促进了日本在 Web3.0 领域的创新，推动了新兴技术和商业模式的发展。

（五）中国加强金融监管，促进数字经济发展

我国多地区持续加大 Web3.0 政策支持力度，全方位推动 Web3.0 技术赋能实体经济。北京市试图打造 Web3.0 产业高地。2022 年 12 月，北京市科学技术委员会、中关村科技园区管理委员会、北京市经济和信息化局联合发布《关于推进石景山区互联网 3.0 产业发展工作方案（2023—2025 年）》，提出以应用场景建设为牵引，深入推进底层核心技术创新，构建虚实共生、以虚强实的互联网 3.0 产业发展体系。2023 年 3 月，北京市朝阳区政府发布《朝阳区互联网 3.0 创新发展三年行动计划（2023—2025 年）》，提出到 2025 年，将朝阳区打造成为具有全国引领性的互联网 3.0 产业高地，基本形成"一

纵一横多引擎"的互联网 3.0 区域发展格局。上海市注重打造 Web3.0 网络操作系统。2022 年 7 月，上海市人民政府办公厅发布《上海市数字经济发展"十四五"规划》，指出加强 Web3.0 网络新型基础设施部署、技术研发和应用创新，打造面向未来的网络生态。在 2023 年 6 月，上海市科学技术委员会发布《上海市"元宇宙"关键技术攻关行动方案（2023—2025 年)》，聚焦沉浸式技术、Web3.0 技术两大主攻方向，在沉浸影音、沉浸计算、新型显示、感知交互与区块链等关键技术领域打造新高地。杭州市注重多地区联动发展。2023 年 4 月，杭州市上城区人民政府与香港贸易发展局签署《杭州—香港 Web3 产业联动备忘录》，提出通过充分发挥杭港两地各自优势，加强资源互补和共享，深化 Web3.0 领域产业联动与合作，切实推动杭州与香港 Web3.0 产业深度融合。香港重视 Web3.0 人才培养。香港数码港正式成立 Web3.0 中心，不断增强对本地 Web3.0 产业发展的人才支撑和资源投入，提升香港 Web3.0 发展优势。

我国在积极推进本土 Web3.0 探索的同时，注重通过合理监管避免产生系统性风险。"十四五"规划提出，要加快数字化发展，培育壮大区块链等新型产业生态。工业和信息化部、国家发展改革委等先后出台关于 Web3.0 等产业的文件，积极布局 Web3.0 技术发展、产业生态以及应用开发，将以区块链为代表的 Web3.0 相关产业与实体经济相结合，探索实体经济在 Web3.0 下的数字化升级发展之路。当前我国在 Web3.0 领域出台的部分政策，如表 5-1 所示。

表 5-1　中国针对 Web3.0 的相关政策文件及监管条例

时间	部门	政策或活动	内容
2013 年 12 月	中国人民银行等五部委	《关于防范比特币风险的通知》	明确了比特币的性质，认为比特币不是由货币当局发行，不具有法偿性与强制性等货币属性，并不是真正意义的货币

续表

时间	部门	政策或活动	内容
2017年9月	中国人民银行等七部门	《关于防范代币发行融资风险的公告》	任何所谓的代币融资交易平台不得从事法定货币与代币、"虚拟货币"相互之间的兑换业务，不得买卖或作为中央对手方买卖代币或"虚拟货币"，不得为代币或"虚拟货币"提供定价、信息中介等服务
2018年3月	工业与信息化部	《2018年信息化和软件服务业标准化工作要点》	提出推动组建全国区块链和分布式记账技术标准化委员会
2018年11月	香港证券及期货事务监察委员会	《有关针对虚拟资产投资组合的管理公司、基金分销商及交易平台运营者的监管框架的声明》	提出"无差别监管"方案，数字货币被纳入同等监管框架
2019年1月	国家互联网信息办公室	《区块链信息服务管理规定》	规范区块链信息服务活动，鼓励区块链行业组织加强行业自律，建立健全行业自律制度和行业准则
2020年7月	中国人民银行	《推动区块链技术规范应用的通知》《区块链技术金融应用评估规则》	较为完整地对区块链体系和产品的技术标准和评估办法，从顶层设计的角度给出一整套的评估规范
2021年9月	中国人民银行等十部门	《关于进一步防范和处置虚拟货币交易炒作风险的通知》	明确虚拟货币相关业务活动属于非法金融活动
2021年9月	国家发展改革委等十一部门	《关于整治虚拟货币"挖矿"活动的通知》	开始全面清退中国境内的虚拟货币"挖矿"活动
2021年12月	国务院	《"十四五"数字经济发展规划》	明确了到2025年，数字经济迈向全面扩展期。以数字技术与实体经济深度融合为主线，加强数字基础设施建设，完善数字经济治理体系，协同推进数字产业化和产业数字化，赋能传统产业转型升级
2022年2月	中国银行保险业监督管理委员会	《关于防范以"元宇宙"名义进行非法集资的风险提示》	提示以"元宇宙"为名义的投资项目、区块链游戏、房地产以及虚拟币等活动涉嫌违法犯罪活动的法律风险

续表

时间	部门	政策或活动	内容
2022 年 4 月	中国互联网金融协会、中国银行业协会、中国证券业协会等	《关于防范 NFT 相关金融风险的倡议》	明确 NFT 不得"金融化""证券化"，强调 NFT 的非代币属性
2023 年 8 月	工业和信息化部	《关于推进 Web3 产业发展的提案》的答复	提出将加强与相关部门的协同互动，推动 Web3.0 技术创新和产业高质量发展

二、产业生态图谱

当前 Web3.0 产业初步形成了底层技术层、平台服务层、产业应用层三层结构（见图 5-1）。其中，Web3.0 产业链上游为底层技术层，为产业提供必要的技术产品和组件；中游为平台服务层，基于底层技术搭建可运行相关行业应用的 Web3.0 平台；下游为产业应用层，根据各行业实际场景，利用 Web3.0 技术开发行业应用，实现行业内业务协同和模式革新。

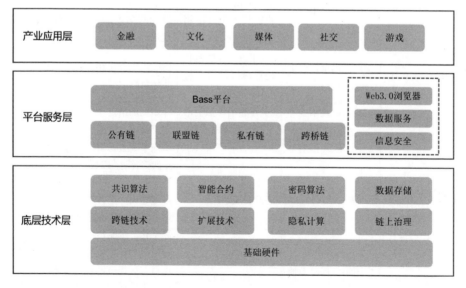

图 5-1 Web3.0 产业结构图

资料来源：中国信息通信研究院。

（一）底层技术层

Web3.0底层技术层包括共识算法、智能合约、密码算法、数据存储等技术要素，为上层应用提供计算、存储、通信等基础功能。

共识算法是指在复杂网络环境中，可保证决策一致性的算法，为多方参与主体建立全新的协作关系。现有的共识协议基本趋于稳定，在工程实现上大多都选择采用了工作量证明或权益证明。随着工作量证明协议带来的能源消耗和造成的环境影响，兼顾高效与安全、环境友好度高的权益证明协议将成为更优化的选择。2022年9月，以太坊从工作量证明协议切换为权益证明协议，根据以太坊开发人员的估算，这一举措将使网络减少99%以上碳排放。

智能合约增强Web3.0应用自动化执行水平。智能合约将参与用户之间约定好的执行条件和执行逻辑以程序化形式部署在区块链中，当满足执行条件时，自动执行合约内容代码。相较于传统合约，智能合约具有条件事先定义、自动化运行、公开透明等特点，使合约的执行不再需要人为的信任和干预，降低了对第三方中心仲裁机构的依赖，并且提高了多主体协作执行效率，为Web3.0产业提供了丰富多彩的应用模式。

分布式数据存储逐渐成为Web3.0主流存储方式。在传统的中心化互联网模式中，数据通常由中心服务器集中存储和管理，容易造成单点故障和数据泄露的风险。分布式数据存储网络则将数据分散存储在多个节点上，每个节点都是一个相对独立的实体，从而降低了单点风险。这与Web3.0强调的去中心化思想相契合，使得数据不再受制于单一实体，而是由广泛分布的节点集体维护和保护。

密码算法在确保数据完整性、保护数据隐私和安全等方面发挥着重要作用，是保障系统功能正常工作的基础。Web3.0中主要密码算法包括哈希函数、数字签名、加密算法等技术。随着工业区块链的不断发展，密码算法也将不断创新和完善，不仅需要实现理论上的可证明安全，同时也需要具备可行的执行效率。当前热点研究方向包括能够抵御量子计算攻击的密码学算法、轻量级密码技术、兼顾隐私保护和监管审计的密码学算法等。

跨链技术是可以实现不同底层网络系统之间数据、资产、指令互操作的技术。现有跨链方案的主要技术手段包括公证人、中继、哈希时间锁定、分布式私钥控制四类。其中，中继技术利用中继器来支持所有网络分区之间的通信，可实现跨链互操作全流程的管控。同时，所有网络分区只需要与中继器网络链接，节省了两两互联所需的链接代价，具有更强的可扩展性。最早开展现网测试的 Web3.0 跨链项目"Cosmos"，基于中继技术已经实现了 38 个网络分区的互联互通与互操作。谷歌公司联合美国伊利诺伊大学、加州大学联合打造安全的互操作性系统，为 Web3.0 分布式应用程序提供了统一和可连接的互操作计算平台。

扩展技术是提升 L1 层（即基础层）网络计算性能和容量空间的技术。随着应用生态持续发展，L1 层网络资源已逐渐饱和，出现网络拥堵、交易费用高等问题，用户体验差且制约了应用创新生态的快速发展。零知识证明将部分复杂的计算扩展至链下完成并生成证明，链上进行证明的校验并存储部分数据保证数据可用性，进而提高网络整体性能。例如以太坊明星项目 ZK Rollup，使用基于零知识证明技术的扩展协议，可使 L1 层网络每秒事务处理量提升 10—100 倍。

隐私计算与 Web3.0 的结合是解决数据共享难题、构建可信运营环境、实现数据高价值流通的有效技术手段。传统互联网中面临着严重的隐私泄露风险，Web3.0 借助安全多方计算、联邦学习、零知识证明等隐私计算技术，在不泄露原始数据的前提下，完成对数据的计算和分析，实现"数据不动计算动、数据可用不可见"的效果。

链上治理是指通过区块链技术和智能合约来实现 Web3.0 的决策和治理

过程。在链上治理中，持有代币的用户可以通过投票、提案和其他机制来参与网络的决策和管理，而不需要依赖传统的中心化机构或管理者。链上治理的核心思想是让社区成员共同参与到 Web3.0 网络的治理中，从而实现更加民主、透明和去中心化的决策过程。通过智能合约，链上治理可以确保投票结果的透明性和不可篡改性，保证决策的公平性和可信度。通过链上治理，项目团队和社区可以共同协作，推动项目的发展和演进，同时增强社区的参与感和治理权利。

（二）平台服务层

作为 Web3.0 的底层服务平台，为上层各类应用提供了更加安全透明的部署机制。根据组网方式不同，区块链可分为公有链、联盟链和私有链三种。公有链为国外区块链主流发展方向，包括以太坊、Solana[①]、TRON[②]、Polygon[③]、ThunderCore[④]、Avalanche[⑤] 等，而国内更重视联盟链和私有链的发展应用，例如星火链网和区块链服务网络（BSN）都是基于联盟链技术的全球性基础设施网络，同时各类区域性区块链服务平台也在加速推荐，包括长安链[⑥]、蜀信链[⑦]、渝快链[⑧]、桂链[⑨] 等。

区块链即服务（Blockchain as a Service，BaaS）是一种新型结合区块链技术的云服务，BaaS 通过结合区块链的可信、防篡改以及云计算的高可

---

① Solana，一种网络规模的开源区块链协议，支持世界各地的开发人员和机构构建去中心化应用程序和市场。

② TRON，一个娱乐内容共享平台，利用了区块链和点对点网络技术。

③ Polygon，基于以太坊区块链，是一个 Layer 2 扩展解决方案的平台。

④ ThunderCore，与以太坊虚拟机（EVM）兼容的区块链。

⑤ Avalanche，一种利用"Avalanche 共识机制"的权益证明加密货币。

⑥ 长安链，国内首个自主可控的区块链开源底层技术平台。

⑦ 蜀信链，对外提供跨机构、跨系统可信、安全、高效信任协同的区块链服务基础设施。

⑧ 渝快链，依托浪潮区块链平台 IBS 建设，提供区块链引擎服务和区块链开发服务。

⑨ 桂链，由广西壮族自治区信息中心联合浪潮建设，属于自治区级区块链基础设施。

用性等优势，支持一键式快速部署区块链网络，用户只要勾选所需网络和配置即可。开发者只需专注业务层面的应用开发，底层具体技术由 BaaS 提供，帮助开发者在已有的区块链服务之上快速构建自己的应用，加快业务场景拓展的落地。目前除了世界上一些大的科技公司专门设置部门来整合和推广 BaaS 外，也有一些云服务提供商开始提供 BaaS 服务。在 BaaS 市场运营的主要公司或平台包括亚马逊、微软、甲骨文、Corda、IBM、SAP、埃森哲、NTT Data、Stratis、华为、百度、阿里巴巴、Infosys 等。同时 Altoros、Blockstream、Bloq、Dragonchain、Factom 等这些小型创新公司也在积极加入 BaaS 赛道。

为了满足上层用户的各种需求，平台服务层还需要提供 Web3.0 浏览器、数据服务、信息安全等相关配套服务。Web3.0 浏览器的核心理念在于将控制权从企业等中心化机构手中交还给用户。大部分的 Web3.0 浏览器是分散的应用程式，既可以让用户使用浏览器的一般功能，又能使用户数据不被企业所用。Web3.0 数据服务的关键特点是去中心化，基于区块链技术的分布式账本使数据不再存储在单一的中心服务器上，而是分散在网络的各个节点上，从而提高了数据的安全性和可靠性。Web3.0 信息安全服务通过采取积极主动的预防、监测、修复等措施，防止他人破坏，造成设备、操作系统停运或服务瘫痪。

（三）产业应用层

Web3.0 依托去中心化应用程序，为用户提供更加安全可信、开放自主的数字化服务，在金融、文化、社交、音乐、游戏等多个领域形成了一大批典型应用。Web3.0 应用规模正在快速增长，截至 2023 年 10 月，Web3.0 去中心化应用程序数量超过 14320 个，应用日均用户数量超过 185 万，分别是 2019 年同期的 3 倍和 31 倍。在 Web3.0 应用行业分布方面，游戏、金融、社交类应用始终吸引着更多用户使用，其日均活跃用户数量总和占行业总用户规模的 89% 以上，其中游戏类应用占据首位，占比超过 44%。

综上可以看出，当前国内外 Web3.0 应用发展呈现出明显差异。国外主要采用公有链路径发展 Web3.0，以代币为激励大力发展虚拟数字经济，孕育众多应用创新，应用生态更加繁荣，但是其开放性也容易引发金融和网络犯罪等风险。国内主要依托联盟链发展 Web3.0 应用，聚焦工业、政务、供应链等实体经济的应用发展，其中供应链金融和产品溯源占据国内 Web3.0 应用的半壁江山。

图 5-2 总结了 Web3.0 行业图谱，即产业生态图。

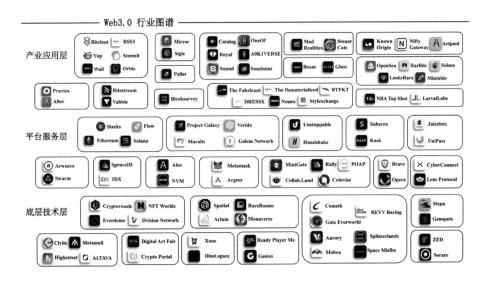

图 5-2　Web3.0 产业生态图

资料来源：笔者根据公开资料整理。

第二节　标准进展

Web3.0 标准化对于数字化生态系统的发展至关重要，它为不同平台和技术间的互操作性奠定了基础，促进了数据和信息的流动，使不同系统能够更有效地交互和整合。并且 Web3.0 标准化会降低技术实施和采用的障碍，使更多的企业和开发者能够参与到 Web3.0 生态系统中，推动 Web3.0 生态系统的健康发展和可持续的增长。

一、国际主要标准化组织积极推进 Web3.0 标准体系建设

国际标准化组织（International Organization for Standardization，ISO）[①]在 2016 年 9 月成立了区块链和分布式记账技术委员会（ISO/TC 307），并成立 5 个研究组来分别负责参考架构、用例、安全、身份、智能合约方面的标准研制，积极促进 Web3.0 标准体系建立。迄今，该组织提出了区块链及相关规范方向的在研标准达 15 项，截至目前已全部发布，内容涉及区块链术语和概念、参考架构、合规性智能合约等。

表 5-2　ISO 在 Web3.0 领域的技术标准

序号	标准号	标准中文名称	标准所属类别	标准级别	阶段
1	ISO/TR 3242	区块链和分布式账本技术：用例	信息安全标准	技术规范	公示
2	ISO/TR 24374	金融服务—区块链和分布式账本技术实施中 PKI 的安全信息	信息安全标准	技术报告	公示
3	ISO/IEC TR 30176	物联网和分布式账本技术 / 区块链的集成：用例	信息安全标准	技术报告	公示
4	ISO/TR 23644	基于分布式账本技术的身份管理的信任锚定概述	信息安全标准	技术报告	公示
5	ISO 23257	区块链和分布式账本技术：参考架构	基础标准（参考架构）	国际标准	公示

---

① 国际标准化组织，成立于 1947 年，是一个全球性的非政府国际标准化组织，宗旨是通过制定和推广国际标准，以促进国际贸易和技术交流，以及在全球范围内提高产品的质量和可靠性。

续表

序号	标准号	标准中文名称	标准所属类别	标准级别	阶段
6	ISO/TR 23244	区块链和分布式账本技术：隐私和个人身份信息（PII）保护注意事项	信息安全标准	技术报告	公示
7	ISO/TR 23455	区块链和分布式账本技术：区块链中的智能合约和分布式账本技术系统的概述和交互	基础标准（智能合约）	技术报告	公示
8	ISO 22739:2020	区块链和分布式账本技术—词汇	信息安全标准	国际标准	公示
9	ISO/TR 23576	区块链和分布式账本技术：数字资产保管人员的安全管理	信息安全标准	技术报告	公示
10	ISO 8000-115	数据质量—第117部分：在分布式账本（包括区块链）中标识符中的应用	数据质量标准	国际标准	公示
11	ISO/TR 23249	区块链和分布式账本技术：用于身份管理的现有分布式账本技术系统概述	信息安全标准	技术报告	公示
12	ISO/TS 23635	区块链和分布式账本技术：治理指南	基础标准	技术规范	公示
13	ISO/TS 23258	区块链和分布式账本技术：分类学和本体论	基础标准	技术规范	公示
14	ISO/TR 6039	区块链和分布式账本技术：区块链系统主客体身份标识符验证	信息安全标准	技术报告	公示
15	ISO/TR 16340	基于区块链的冷链食品溯源平台应用	信息安全标准	技术报告	公示

电气与电子工程师协会（Institute of Electrical and Electronics Engineers，IEEE）专门成立区块链工作组 P2418，明确了区块链系统的数据格式要求，在数据结构、数据类型等方面给出规范。电气与电子工程师协会已发布区块链相关标准 14 项，在研标准 51 项，其中有 11 项属于业务和应用领域，涉

及交通、医疗、政务等多方面。数字资产识别管理、区块链物联网、区块链互操作性／跨链技术是其中占比较大的部分，这些领域也是区块链后续发展的重点。

表 5-3　电气与电子工程师协会在 Web3.0 领域的技术标准

序号	标准号	标准中文名称	标准所属类别	标准级别	阶段
1	P2418.1	区块链在物联网领域的应用框架	业务和应用标准（物联网）	国际标准	公示
2	P2418.2	区块链系统的数据格式标准	基础标准	国际标准	公示
3	P2418.3	分布式记账技术在农业中的应用框架	业务和应用标准（农业）	国际标准	公示
4	P2418.4	分布式记账技术在自动驾驶载具中的应用框架	业务和应用标准（交通）	国际标准	公示
5	P2418.5	区块链在能源领域的应用	业务和应用标准（能源）	国际标准	公示
6	P2418.6	分布式记账技术在医疗与生命及社会科学中的应用框架	业务和应用标准（医疗）	国际标准	公示
7	P2418.7	区块链在供应链金融中的应用	业务和应用标准（供应链金融）	国际标准	公示
8	P2418.8	区块链在政务中的应用标准	业务和应用标准（政务）	国际标准	公示
9	P2418.9	基于加密货币的安全令牌标准	业务和应用标准（政务）	国际标准	公示
10	P825	电力基础设施的可交换能源体系的互操作指南	可信和互操作标准	国际标准	公示
11	IC17-002-01	基于信任和代理的数字普惠	业务和应用标准（数字凭证）	国际标准	公示
12	IC17-011-01	数字公民的连通性协调	业务和应用标准（数字凭证）	国际标准	公示
13	IC17-012-01	供应链技术与实施	业务和应用标准（供应链）	国际标准	公示
14	IC17-017-01	区块链资产交易	业务和应用标准（金融）	国际标准	公示

　　国际电信联盟（International Telecommunication Union，ITU）主要负责国际无线电和电信的管理制度和标准的研制。在 Web3.0 标准研制过程中，SG16（多媒体研究组）、SG17（安全研究组）和 SG20（物联网、智慧城市与社区研究组）分别启动了分布式账本的总体需求、安全，以及在物联网中的应用研究，另外 SG13（未来网络与云研究组）、SG2（运营方面研究组）、SG11（协议与测试规范研究组）、SG3（经济与政策问题研究组）也承担了区块链标准研制相关工作。目前国际电信联盟电信标准分局（ITU-T）已发布区块链 / 分布式账本技术相关标准 45 项，其中我国参与 14 项，在已经发布的标准中，4 项与安全相关，3 项与数据管理相关，3 项与物联网相关，由此可见国际电信联盟电信标准分局对于安全问题和物联网、数据问题的重视。

表 5-4　国际电信联盟电信标准分局在 Web3.0 领域的部分技术标准

序号	标准号	标准中文名称	标准所属类别	标准级别	阶段
1	FG DLT D3.1	分布式账本的参考架构	基础标准（参考架构）	国际标准	公示
2	FG DLT D3.3	分布式账本技术评估标准	业务和应用标准	国际标准	公示
3	ITU-T X.1400	分布式账本技术的术语和定义	业务和应用标准（物联网）	国际标准	公示
4	ITU-T F.751.1	分布式账本技术平台的评估标准	信息安全标准	国际标准	公示
5	ITU-T F.751.2	分布式账本技术的参考框架	信息安全标准	国际标准	公示
6	HSTP.DLT-UC	HSTP.DLT-UC- 分布式账本技术：用例	信息安全标准	国际标准	公示
7	ITU-T T22-SG03	使用分布式账本技术 DLT 处理国际电信 /ICT 领域的政策、监管和经济问题	信息安全标准	国际标准	公示

　　万维网联盟（World Wide Web Consortium, W3C）是 Web 技术领域最具权威的国际技术标准机构，专门成立了 W3C Web3.0 社区组，致力于推动

Web3.0 技术的标准化工作，主要关注 Web3.0 在身份标识、身份验证、安全性和隐私等方面的标准化工作。万维网联盟通过定期举行会议、工作坊、网络研讨会等活动，讨论与 Web3.0 相关的议题，分享最新的技术发展和实践经验。社区组成员提出针对 Web3.0 标准化的建议和提案，这些提案涉及协议、标识、身份验证、安全性、隐私等方面的议题，包括中心化标识协议，旨在开发和制定标准化的去中心化身份验证和认证机制，保护用户数据和隐私等。

二、开源社区积极推动 Web3.0 标准建设

除了主要标准组织外，开源社区也在积极推动 Web3.0 标准建设，包括以太坊社区、Web3.0 基金会和 OpenZeppelin 等。这些机构都开设了相应的标准化委员会或协作组，并邀请全球开发者和组织参与到标准制定过程中。同时，开源社区通过为 Web3.0 标准贡献代码、参与测试和审查等方式，来帮助推动标准的制定和实现。这种协作方法可确保标准具有包容性、可互操作性，并反映现实世界的实施场景，从而使更广泛的生态系统受益并推动 Web3.0 技术的采用，他们的参与和贡献对于推动 Web3.0 技术的发展和创新至关重要。

以太坊基金会是最重要的 Web3.0 标准制定机构之一，它通过以太坊改进提案（Ethereum Improvement Proposals，EIPs）的形式来推动以太坊标准的制定和更新，旨在让社区成员提出新功能、改进和标准化的建议。以太坊改进提案是一个公开、透明的流程，类型多样，包括涉及重大协议更改的核心提案、改善节点通信的网络提案等。任何人都可以提交以太坊改进提案，需详细说明问题、解决方案和技术规范。提交后，社区对其展开讨论审查，社区成员可以提出问题、反馈或改进建议。经过讨论和反馈后，以太坊改进提案可能会经历多个修订版本。一旦达成共识，以太坊改进提案可能会被接受为标准。以太坊基金会通过以太坊改进提案提供了一个灵活且透明的标准

制定和更新机制，这有助于推动以太坊网络的发展和创新。

OpenZeppelin 是一个非营利性开源组织，致力于推动安全、透明和可靠的 Web3.0 应用的开发和部署。该组织为以太坊、币安智能链（Binance Smart Chain）等区块链平台提供了众多的开源解决方案和安全库，这些解决方案包括智能合约模板、安全库、审计工具等，旨在帮助开发者构建安全可靠的应用程序。同时，他们还关注着智能合约和区块链应用的安全性，帮助开发者确保其开发的应用程序在安全性方面尽可能达到最高标准。

第三节　资本市场发展

截至 2023 年 10 月，全球 Web3.0 产业总融资超 840 亿美元，去中心化金融和基础设施始终是投资重点。纵观全球投融资数据，2021 年全球 Web3.0 投资迎来爆发式增长，比 2020 年上涨 713％，累计投资金额高达

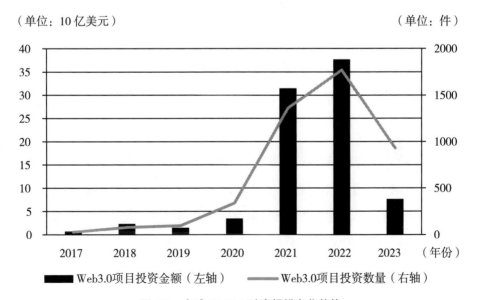

图 5-3　全球 Web3.0 融资规模变化趋势

资料来源：中国信息通信研究院根据 Messari、Rootdata 数据整理。

658 亿美元。2022 年全球 Web3.0 投融资依旧势头不减，仅用半年时间就基本达到2021 年全年的投融资水平。2023 年全球Web3.0 投融资规模明显降低，截至 2023 年 10 月，Web3.0 投资金额约 57 亿美元，投资数量为 930 余件（见图 5-3）。从融资赛道分布来看，去中心化金融和 Web3.0 基础设施行业始终是资本投资数量和金额最多的行业，吸引着大多数投资者的关注（见图 5-4）。

（单位：件）

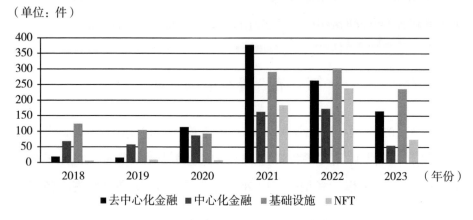

图 5-4　Web3.0 投资机构在不同领域投资数量趋势

资料来源：中国信息通信研究院根据 Messari、Rootdata 数据整理。

一、传统资本涌入 Web3.0 领域，DeFi 和 NFT 的热度居高不下

传统投资机构积极布局 Web3.0，新型投资形式不断涌现。当前，中心化金融（DeFi）、非同质化通证（NFT）、元宇宙等 Web3.0 领域，吸引了大量传统资本的涌入，包括老虎环球基金、软银等传统投资基金，以及谷歌、脸书、微软、三星等大型科技企业。

去中心化金融类项目一直是传统金融机构的投资热点，传统金融机构在该领域采取了多种策略，包括数字资产管理、战略投资与合作、数字资产基金推出、去中心化金融产品与服务创新、数字身份与去中介化金融服务应

用、合规与监管技术研发、数字化支付与结算系统探索，以及建立创新实验室和研究团队。旨在通过这些策略，推动传统金融与新兴技术的融合，提高服务效率，降低成本，拓展业务领域，并抓住数字金融创新所带来的机遇。

摩根大通作为美国最大的金融服务机构之一，一直在积极参与探索与加密货币相关的产品和服务。2022 年 2 月，摩根大通投资了区块链情报提供商 TRM Labs 的加密货币合规和风险管理技术部门。同年 11 月，美国专利商标局批准了摩根大通虚拟支付钱包（JP Morgan Wallet）的商标注册，相关文件显示该钱包可提供虚拟货币的电子转账、金融交易、加密货币支付处理、虚拟支付账户创建、财务风险管理和支付参考管理、同一货币的汇款、跨境高额和低额支付的电汇服务等。

2022 年 9 月，嘉信理财（Charles Schwab）、城堡证券（Citadel Securities）、富达数字资产（Fidelity Digital Asset）、Paradigm、红杉资本（Sequoia Capital）和沃途金融（Virtu Financial）等金融行业领导者计划启动加密货币交易所 EDX Markets。EDX Markets 旨在将成熟技术与传统金融市场的最佳实践相结合，确保数字资产更加透明、安全和合规交易。EDX Markets 于 11 月开启部分现货交易，于 2023 年 6 月正式上线。

支付巨头贝宝（PayPal）于 2022 年 2 月组建关于区块链、加密和数字货币的跨学科咨询委员会。6 月贝宝新增支持转移、发送和接收加密资产至外部钱包和交易所的功能，获纽约州金融服务部（NYDFS）完整 BitLicense[①] 许可证，并推出先买后付功能 Pay Monthly。10 月，贝宝已添加密钥（Passkeys）作为贝宝账户的登录方式。12 月，贝宝与 ConsenSys 达成合作，美国用户将能够使用贝宝从小狐狸钱包（MetaMask）内购以太币。

与此同时，NFT 领域也吸引着许多传统投资机构的关注。NFT 最常见于文化艺术品领域，实现数字艺术品的发行、流转、确权，能有效保护知识

---

① BitLicense，纽约州金融服务部根据为公司设计的法规颁发的用于虚拟货币活动的营业执照的一类通用术语。

产权，防止篡改、造假等，是 Web3.0 技术的重要落地场景之一。2020 年，基于 Flow[①] 开发的 NFT 数字收藏品 NBA Top Shot 上线仅半年，成交量便逾 4200 万美金。

2021 年，Opensea[②] 用户的爆发式增长和 NFT 总市值的急剧飙升，使整个 NFT 赛道到了一个全新的高度。传统加密行业巨头纷纷宣布进入 NFT 领域，其中美国最大的加密货币交易所 Coinbase 于 2022 年 5 月 5 日推出的 NFT 交易平台正式向所有人开放，除此之外，一个低调的投资机构——蓝池资本（Blue Pool Capital）也展示了对 NFT 浓厚的投资热情。蓝池资本成立于 2014 年，它是由马云以及阿里巴巴的核心创始人蔡崇信等联合设立的家族财富基金。2021 年 7 月，蓝池资本宣布对 NFT 开发商 Animoca Brands[③] 提供资金资助，蓝池资本第一次涉足 Web3.0 领域就选择了 NFT 板块。

由此可见，Web3.0 所带来的技术创新和商业机会，以及对传统行业和商业模式的颠覆和改变潜力，已然得到了广泛关注。投资热潮的掀起不仅推动了 Web3.0 领域的经济发展，也加速了区块链、加密货币、去中心化金融和其他相关技术的发展和应用。

二、币圈资本开始关注 Web3.0 领域，为初创企业注入大量资金

币圈投资者和风险投资机构对于 Web3.0 领域的关注开始于区块链技术的出现，以及比特币、以太坊和其他加密货币的崛起。简单来说，加密货币是一种同质化通证，是具有流动性的、价值波动的价值凭证，具有持久保

---

① Flow，一个快速、去中心化且对开发者很友好的区块链（公链），采用先进的加密算法保障和账户安全，并通过独特的拜占庭容错算法能够支持较高交易处理速率。

② Opensea，全球最大 NFT 交易平台。是一个点对点平台，用户可以在这里创建、交易、购买和销售 NFT。

③ Animoca Brands，香港移动游戏开发公司，在澳大利亚证券交易所（ASX）上市。

值、支付结算、社区治理等作用，是 Web3.0 的经济系统核心。

近年来，顶级风险投资公司纷纷涌入 Web3.0 领域，包括 a16z、红杉资本、高盛、lightspeed 等机构。据统计，目前全球有 850 多只加密货币基金，分布在 80 多个国家。根据加密基金研究公司(Crypto Fund Research)[①] 估计，全球加密基金总规模达到 692 亿美元，包括加密对冲基金、风险基金和指数基金。据报道，至少有 20 家风投机构推出了专注于 Web3.0 的基金，总规模超 60 亿美元[②]，并仍在快速发展中。而仅 2022 年上半年，与 Web3.0 相关的新建投资基金就达 107 只，总金额超 399 亿美元。

截至 2022 年 10 月，风险投资公司 a16z 已推出四期加密基金，总额约 76 亿美元（约合 500 亿元人民币），其中在 2022 年 5 月发布的第四期加密基金以总额 450 亿美元刷新了同类基金的募资纪录。a16z 在 Web3.0 和加密领域投资的企业和项目达到了 108 个，覆盖 Layer 1、链游、去中心化金融、NFT、DAO 等多个热门领域。Coinbase、dYdX、OpenSea、Yuga Labs 等知名 Web3.0 项目均得到了 a16z 的支持和投资。

红杉资本作为全球最大的风险投资公司之一，在 2022 年 2 月宣布推出了一只专注于投资 Web3.0 相关技术创业公司的基金，资金规模为 5 亿—6 亿美元。据媒体的不完全统计数据显示，从 2022 年 1 月 1 日—2022 年 4 月 26 日，红杉资本以每周一家的投资速度，共投资了 17 家 Web3.0 公司。值得注意的是，在投资 Web3.0 基础设施公司、电子协议签署平台 EthSign 时，红杉资本、红杉资本印度和红杉资本中国三个部门都支持了这轮融资，这是红杉资本的所有三个部门首次同时参与一项融资。

Web3.0 成为下一代互联网核心叙事的共识愈加凝聚，融资金额以较快

---

① 加密基金研究公司，一家专注于加密货币基金研究的机构，致力于追踪、分析和报告全球加密货币基金的发展和趋势。

② 陀螺财经：《Web3 创投圈：机会、困境、理性、泡沫》，转引自新浪财经，见 https://finance.sina.com.cn/blockchain/roll/2022-10-21/doc-imqmmthc1629757.shtml。

速度增长，足以看出币圈资本对于 Web3.0 领域的坚定信心。从投资形式来看，相较于传统投资机构更趋向于保守，注重相对稳定和低风险的投资策略，币圈投资者更偏好高风险高回报的投资，倾向于投资新兴、高波动性的资产类别。由于更加了解数字资产市场，大量币圈投资者更加专注于加密货币、区块链技术等相关项目。这对于币圈资本来说，是一个新的投资领域，通过投资数字资产和相关项目，可以获得丰厚的回报。

如今，全球互联网行业正处于过渡的关键节点，互联网红利趋于消失、矛盾凸显、行业风险高、企业融资乱象丛生等问题层出不穷，但是高额的收益与回报还是将风投机构牢牢钉在了 Web3.0 领域。

第四节　企业探索

一、传统行业企业在 Web3.0 领域的投资热度与趋势

随着技术的不断成熟和普及，Web3.0 正在以全新的、更有效的业务方式影响着传统行业，Web3.0 领域中新的收入来源和商业模式使传统行业看到了利用 DeFi、NFT 和其他 Web3.0 机制来提供独特产品或以新颖的方式吸引客户的机会，目前国内外许多传统行业企业已经开始将投资重心转向Web3.0 领域。

如前文所述，作为数字经济领域的前沿热点，NFT 始终是传统行业最青睐的领域之一。通过创建代表艺术品、收藏品等特定物品所有权或真实性的独特数字资产，NFT 成为各传统行业企业推进商业模式升级的载体。2021 年 3 月，NFT 数字艺术品《每一天：最初的 5000 天》在佳士得拍卖会上以 6934.6 万美元的天文数字成交，引爆了全球热度。2021 年 Ezek 联合周杰伦名下潮牌 PHANTACi 发行 NFT 项目 Phanta Bear，开售约 40 分钟即宣告售罄。企业与 NFT 最契合之处即 NFT 可承载品牌价值，并打造出圈效应。

耐克、阿迪达斯、蒂芙尼、星巴克等众多知名品牌都推出了自己的 NFT 战略，并已初步赢利。其中，耐克的成绩最为亮眼，其 NFT 收入在各品牌中排名第一，截至 2023 年 11 月，耐克 NFT 总收入 1.86 亿美元，是第二名 Dolce & Gabbana 的近 8 倍。

尽管 2022 年的 NFT 市场热度不及 2021 年，但这并不影响传统行业巨头在 NFT 领域进行探索。例如亚马逊在 2022 年春季推出了 NFT 计划，该公司在 2022 年年底推出的纪录片《NFTMe》已经展现了其对 NFT 的开放态度。据我们观察，NFT 工具的旅程将经历三个阶段：从经营核心 IP 上升到品牌企业战略，再到深入元宇宙。未来，除了早期布局的企业逐步赢利外，也会有更多企业利用 NFT 为品牌赋予价值。在信息过载的现代社会，企业将利用 NFT 增进品牌黏性，打造出圈效应，寻求新的增长点。

新潮的商业理念也孕养了无数商业乃至产品的新机会，Web3.0 在传统行业中的投资热度和趋势非常值得关注，许多传统行业企业已经开始加大在 Web3.0 技术上的投资研发力度（见表 5-5、表 5-6、表 5-7、表 5-8）。据不完全统计，从 2023 年到 2030 年，Web3.0 技术领域的价值将以 44.6% 的复合年增长率增长，未来在底层技术、社交、游戏、投资、支付、娱乐、创作、教育等诸多领域，Web3.0 都有着广大的应用空间，并且 Web3.0 中的经济规则和商业逻辑都会发生根本性的变化，对财富形态也将带来翻天覆地的变化，特别是基于区块链的数字资产在流动性、独立性、安全性、可编程性的应用潜力，将会成为未来十年数字财富的巨大载体。

表 5-5 饮料品牌在 Web3.0 领域的投资

公司	时间	事件
百事可乐	2021 年 12 月	为了庆祝百事可乐的诞生年，百事可乐推出了 NFT 收藏品的创世系列。该系列被称为 "Pepsi Mic Drop" 创世 NFT 系列，具有 1893 个独特的 NFT

续表

公司	时间	事件
可口可乐	2022 年 7 月	可口可乐宣布与 RichMinsi 合作推出"骄傲"系列（Pride Collection）NFT，作为"国际 LGBT 骄傲日"庆祝活动的一部分。2021 年 12 月，可口可乐也通过 VeVe 平台以盲盒形式发布了圣诞节雪花球系列 NFT
百威	2021 年 11 月	啤酒之王百威"铸造"了它的第一个 NFT 项目——Budverse Cans Heritage Edition，即一个印着不同背景下不同风格的 1936 年百威易拉罐的 JPEG 图片合集。该项目在以太坊上发行，每个售价 499 美元
王老吉	2022 年 7 月	由王老吉授权项目方 Dr.Ji 发行的角色扮演类 NFT 项目官宣，该项目的 NFT 持有者将在打造的魔法宇宙中扮演独一角色，目前该项目已推出三款角色供用户选择。该项目预计将发行 3000 枚以上的 PFP NFT
红牛	2023 年 5 月	推出首个 NFT 数字藏品系列"Red Bull Doodle Art"，该系列是在 NFT 项目 Doodles 创始人 BurntToast 的指导下创作的，总计包含 61 件独特作品，每件都来自 2023 年 Red Bull Doodles Art 决赛入围者的独立艺术品

表 5-6　汽车品牌在 Web3.0 领域的投资

公司	时间	事件
奔驰	2022 年 1 月	梅赛德斯与 Art2People 合作，以其 G 级车系列为原型创造梅赛德斯—奔驰独家 NFT 系列
宝马	2022 年 2 月	宝马在阿联酋发布了名为"声音博物馆"的音效 NFT 数字藏品，以记录并存档宝马 M 系车型的发动机轰鸣声
法拉利	2021 年 12 月	法拉利与瑞士区块链初创公司 Velas Network 签署了一份多年合同，新的合作伙伴关系将为法拉利的粉丝带来独家数字内容。此外，Velas 也将成为法拉利电子竞技系列赛的冠名赞助商
特斯拉	2022 年 8 月	特斯拉在加密货币方面是当仁不让的先驱者，除了购买比特币和以太坊作为储备资产外，在美国已经可以使用狗狗币来购买特斯拉的配件

表 5-7　游戏品牌在 Web3.0 领域的投资

公司	时间	事件
万有引力	2022 年 7 月	与 The Sandbox 达成合作，将《RO 仙境传说》引入元宇宙，用户可在元宇宙中建立土地和创新 NFT
史克威尔艾尼克斯	2022 年 3 月	与 The Sandbox 建立了新的合作关系，将经典 RPG 游戏 IP《末日危城》（Dungeon Siege）引入 The Sandbox 游戏元宇宙

续表

公司	时间	事件
育碧	2022年2月	育碧公司旗下的疯狂兔子（Rabbids）宣布加入 The Sandbox，玩家将能够于自己原创的游戏体验中使用疯狂兔子的角色和游戏物品
辛加	2023年5月	推出一款名为"城镇故事"（TownStory Galaxy）的 Web3.0 游戏产品，用户可以在游戏中建造自己的小镇，还可以在开放世界中与来自世界各地的玩家进行交流和游戏道具的交易

表 5-8　运动品牌在 Web3.0 领域的投资

公司	时间	事件
阿迪达斯	2021年11月	布局头部元宇宙项目 Sandbox，在 Sandbox 核心位置持有大块土地，同时也参与了无聊猿母公司 Yuga labs 在同年3月估值40亿美元的投资
耐克	2021年12月	收购 NFT 潮牌工作室 RTFKT，同时还拥有与村上隆合作的知名蓝筹 NFT 系列 Clone X
李宁	2022年4月	成立"无聊猿俱乐部中国李宁分部"，并购买了第4102号无聊猿，顺势也推出了4102相关的形象系列服装

二、互联网大型企业在 Web3.0 领域上的布局与计划

近年来，谷歌、X、腾讯、阿里巴巴、百度、京东、字节跳动等互联网大型企业纷纷展开布局（见表5-9），从内容版权、股权、保险、债券、供应链金融、税务、司法、商品防伪溯源、物流运输和生态保护等方面推出相关应用。在技术层面，通过积极探索区块链等 Web3.0 关键技术，互联网大型企业着眼于构建去中心化的应用程序和数字身份认证系统，以提高安全性和用户体验友好度。此外，这些互联网大型企业在数字资产和加密货币服务领域持续发力，为用户提供交易、资产管理和支付等支持。在用户数据隐私方面，它们致力于建立去中心化的身份验证系统，使用户能够更好地掌控个人数据并确保其安全可靠，为不同行业提供创新解决方案。

表 5-9　互联网大型企业在 Web3.0 领域的布局

公司	时间	事件
阿里巴巴	2021 年 12 月	基于蚂蚁链推出 NFT 平台鲸探
	2022 年 3 月	阿里巴巴早年收购的香港销量冠军《南华早报》成立了 NFT 公司"Artifact Labs"，将基于 Flow 区块链铸造 NFT，买家可以对某一历史事件的特定 NFT 进行竞拍，或者购买一盒选定事件的头版
腾讯	2021 年 8 月	基于至信链推出 NFT 平台幻核
	2022 年 3 月	参与投资 NFT 初创公司 Inmtable，该公司基于 L2 区块链提供解决方案，旗下拥有知名链游 Gods Unchained 和 Guild of Guardians，并同时兼具交易平台 Immutable X
字节跳动	2021 年	2021 年 TikTok 在 Inmutable X 支持的专用站点放置 NFT
	2021 年 9 月	字节跳动以 TikTok 为抓手，联合平台上最后欢迎的六位创作者与多名 NFT 艺术家推出了 NFT 系列 Tik Tok Top Moments
百度	2022 年 1 月	基于百度自主研发并开源的区块链技术百度超级链 XuperChain2 推出数字藏品平台
X	2021 年 7 月	发布 NFT 产品，让用户头像可以显示为 NFT，并被认证
谷歌	2022 年 5 月	谷歌在造价 30 亿美金的总部大楼里，正式成立了其第一个 Web3.0 部门
京东	2021 年 12 月	京东正式上线灵稀数字藏品交易平台，同时还推出了 JOY&DOGA 系列数字藏品作为平台首发藏品
小红书	2023 年 1 月	官方宣布，开始支援 Conflux 链上 NFT 展示
携程	2023 年 6 月	宣布孵化其以海豚卡通为主题的 NFT 系列"Trekki"，提供商为携程海外子公司 Tripcom
中国移动咪咕	2023 年 10 月	宣布旗下 Web3.0 产品 Meelier 推出的 NFT 全球发售

除了技术层面的投入外，互联网大型企业还注重构建生态系统和拓展合作伙伴关系，积极与其他公司、初创企业以及开源社区合作，共同推动新

技术的发展，致力于构建更为健全、多元的 Web3.0 生态系统。

总的来说，互联网大型企业正不断通过技术研究、产品开发、服务提供和生态系统建设等，来探索和利用新兴的区块链和去中心化技术，以满足用户日益增长的需求，增强其在数字化时代的竞争力。

三、初创企业如何利用 Web3.0 技术打造新型商业模式

Web3.0 将改变的不仅是人们的生活、商业和交易方式，还有可能诞生下一代改变世界的企业，从内容版权、股权、保险、债券、供应链金融、税务、司法、商品防伪溯源、物流运输和生态保护等方面都可以推出新应用。在互联网的下一个领域，创新浪潮正在逼近顶峰，而走在最前沿的是颠覆者，即 Web3.0 初创公司。这些先驱者正在通过积极拥抱去中心化原则并利用 Web3.0 技术重塑行业及重新定义数字交互来制定新的发展路线。

与 Web2.0 企业不同，Web3.0 初创公司的愿景是强调用户所有权和消除中介机构。去中心化是 Web3.0 初创公司的核心理念，通过消除单点控制

（单位：亿美元）

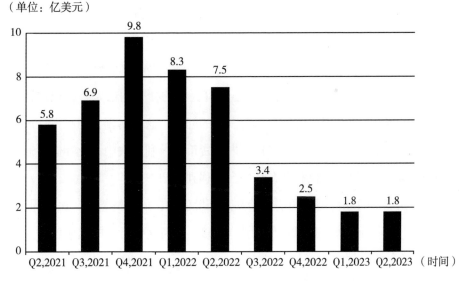

图 5-5　风险投资支持的 Web3.0 初创公司的融资趋势

并在参与者网络中分配决策权，努力创建共建共享的生态系统，让用户对他们的数字生活有更多的自主权。截至 2023 年第二季度，风险投资支持的 Web3.0 初创公司的融资趋势如图 5-5 所示，Web3.0 的融资市场在 2021 年前几个季度表现出火热状态，并在 2022 年下半年和 2023 年上半年趋于稳定，尽管融资金额出现波动，但交易数量仍然保持弹性。

在资本市场推动下，Web3.0 初创企业推出众多热门应用，应用的深度和广度得到快速发展。一方面，以提高数字资产流动性为目的，形成多家数字资产交易平台，总市值高达数千亿美元。以 UniSwap 为代表的去中心化交易平台，因其创新性的交易协议，迅速成为加密货币市场主流的去中心化交易应用，进而促进去中心化金融的发展。另一方面，得益于 NFT 市场的快速发展，逐渐形成围绕"DID+NFT+DAO+行业"的组合应用模式和服务平台。以 Opensea 为代表的 NFT 交易平台，以及以 Yuga Labs 为代表的 NFT 发行平台迅速成为最热门的 NFT 项目。区块链游戏 AxieInfinity 以其独特的边玩边赚模式和开放经济系统广受游戏用户喜爱，同时，Web3.0 与其他新兴科技的融合发展，在金融、游戏、音乐等大众生活领域，塑造了一些行业新生态。其中去中心化金融项目通过实现无须中介的点对点借贷和交易，正在彻底改变传统金融服务。这些平台利用以太坊等区块链上的智能合约来自动化执行复杂的金融流程，并提供更多进入全球金融市场的机会。Web3.0 社交网络通过重构一个去中心化可验证的社交图谱，解决现在社交方式中平台不互通、用户信息被平台占据的问题。这些初创公司在设计产品时优先考虑用户隐私、数据所有权和内容货币化，利用去中心化存储并通过代币激励内容创作，将权利动态从平台转移到用户。

此外，Web3.0 初创公司还开始涉足环境保护、供应链管理、医疗保健、数字身份验证等领域，探索如何利用 Web3.0 提高这些行业的透明度、可追溯性和安全性。例如在环境保护方面，近年来为了应对气候变化，主流国家、国际组织机构纷纷发展绿色低碳技术、开展多类环保项目，但是环保项目是公益事业，涉及面广、操作环节多、见效周期长，面临信用不透明、激励不足问题。Web3.0 环保利用区块链技术将个人、组织的碳减排、碳足迹等信息上链，解决多主体间信息不对称、交易市场信息不透明等问题，通过构建通证激励机制，探索边环保边赚钱应用模式，鼓励更多用户、组织减少能源使用及温室气体排放，有效调动全社会自觉参与碳减排活动的积极性，创新环境保护治理模式。

　　虽然 Web3.0 初创公司提出了众多引人入胜的创新想法，但在面对 Web2.0 巨头企业的强劲实力，仍然存在众多发展挑战。首先，一个关键挑战是说服用户从熟悉的平台迁移到新的去中心化替代方案。由于网络效应、便利性以及与新技术相关的学习曲线，用户通常需要更多时间进行切换。Web2.0 巨头在网络效应方面拥有显著优势——服务的价值随着更多人使用而增加。对于 Web3.0 初创公司来说，克服这些网络效应是一项艰巨的任务。其次，区块链和加密货币的监管环境仍在不断发展，Web3.0 初创公司经常面临不确定性和法律挑战，而 Web2.0 巨头凭借其成熟的法律团队和游说力量可以更好地应对这些挑战。最后，许多 Web3.0 关键技术仍处于发展起步阶段，Web3.0 初创公司正在努力探索解决系统规模化扩展问题，满足多样化的用户体验。

第六章

Web3.0 机遇与挑战

当前，Web3.0 仍处于产业发展早期，具有巨大的发展潜力。同时伴随着 5G、人工智能和元宇宙等前沿科技的迅猛发展，这些技术将与 Web3.0 更为紧密地融合，为用户提供更加安全可信、开放自主的服务，并通过高效的数据管理和智能化数据分析，实现更有价值、更个性化的数据服务，推动新一代互联网架构演进和升级。然而，这一发展进程也伴随着 Web3.0 在标准化、技术创新以及监管等方面的重大挑战。一方面，为了推动 Web3.0 的应用落地，亟须在关键技术和应用场景等方面取得更为深刻的突破；另一方面，产业监管也需与发展步调一致，确保 Web3.0 产业的持续健康发展。总而言之，多方参与共同建设是实现这一目标不可或缺的动力。本章将首先介绍 Web3.0 在 AIGC、元宇宙等方面的发展趋势与机遇，其次详细介绍 Web3.0 在快速发展过程中面临的一系列问题和挑战。

第一节　机遇和演进趋势

一、AIGC 推动 Web3.0 应用发展

当前 Web3.0 面临着内容生态的双边难题。一方面，某些平台产出的内

容虽然质量高，但是却无法大规模生产，并且受限于内容所使用的语言，部分内容的翻译无法确保及时准确，进一步限制了相关内容的传播。另一方面，部分平台上的内容产出数量虽然很大，但是质量却无法得到有效保障，具体体现在内容的分类不够准确、在时效性方面也没有进行合理的编排。这种大量且低质量的内容让用户感到杂乱无章，用户对于信息的需求无法得到及时的满足，而且需要花费大量的时间去对数据进行过滤筛选。因此，目前看来，与当前传统互联网相比，Web3.0 内容生产者在平均生产规模和内容质量方面都相对落后。

随着人工智能生成内容（AIGC）的出现与发展，Web3.0 的双边难题将被改善。越来越多的用户利用人工智能完成各种各样复杂的任务，而在 AIGC 出现之前，互联网的内容主要由职业生成内容（OGC）、专业生成内容（PGC）与用户生成内容（UGC）组成。AIGC 将使 Web3.0 内容生产者的成本大幅度降低，并能同时兼顾内容的质量与数量，推动整个 Web3.0 行业与细分市场的快速发展。Web3.0 中的创作者经济与 AIGC 所提出的目的不谋而合，创作者利用 AIGC 赋能内容生产，能够根据消费者的个人喜好创作出定制化的内容，并结合 Web3.0 中的创作者经济模型，实现内容所有权的转换，从消费者变为所有者，创意与影响力也得到快速的传播。同时创作者也能够从内容生产中获得应有的收益，不会出现为他人做嫁衣的情况。另外，由于 AIGC 极大地提高了内容创作的效率，创作者也能够极大地降低版权费用。在这个过程中，消费者与创作者同时满足了相应的需求，达到共赢的局面。

一个典型的例子是 2020 年推出的 Art Blocks 平台，该平台是基于区块链打造的，其业务主要专注于可编程、生成性内容创造。创作者需要预先在平台上部署好生成内容的脚本，该脚本可以是智能合约形式，根据输入的不同，脚本能够输出不同的内容，决定创作内容的主体。创作者部署完成后，平台将该脚本存储在区块链上。当消费者购买某一系列的创作内容时，平台为消费者随机分配一个哈希值，并且将该哈希值作为所对应脚本的输入，进而创作出了一个随机艺术品。该艺术品的信息与所有权都被记录在区块链上。每一个艺术品的内容都是由创作者的风格、生成算法与消费者共同决定的，这赋予了艺术品更为丰富的纪念价值。而在收益分配上，对于在 Art Blocks 上首次出售的艺术品，创作者可获得收益的90%，平台获得10%，充分保障了创作者的收益。

未来 AIGC 将从基础设施层与应用层等方面不断推动 Web3.0 发展。在基础设施层面，AIGC 能够解决数据采集、数据存储与数据传输阶段的策略优化问题，显著提升系统性能。例如，基于 AIGC 建立用户计算资源与数据资源的共享平台，充分利用用户的空闲资源，促进数据采集、存储、计算与传输效率，并通过 AIGC 大数据分析能力有效挖掘数据价值。在应用层面，Web3.0 已经开始利用 AIGC 编写智能合约，并且进行漏洞检测，从而有效帮助提高开发人员的效率与系统的安全性。在不久的将来，预计 AIGC 将被用于 Web3.0 中数字资产价值预测模型的构建，为供需的精准匹配提供有效助力。同时，AIGC 将支撑 Web3.0 中虚拟环境与虚拟人的发展，用户能够通过自身需求生成特定属性的虚拟人，例如年龄、家庭、职业等。同时虚拟人还拥有着语言表达与交互功能，能够在交互过程中不断学习，产生共情能力，实现情感陪伴。

事实上，Web3.0 凭借透明性、安全性和去中心化等内在特征，也能帮助解决 AIGC 发展过程中遇到的诸多问题，有效促进 AI 数据的存储、共享和利用。一方面，Web3.0 为 AI 交易和决策提供了不可更改的分布式账本，从而提高了 AI 系统的信任度，减轻了人们对于数据操纵或滥用的担忧。并且借助 Web3.0 构造的开放共享网络，这些 AI 数据能够在不同平台和利益相关者之间安全、透明地共享，不仅确保了数据的完整性，还为 AIGC 的合作研发提供了新的途径，打破了创新过程中的数据孤岛现象。此外，AIGC 基于 Web3.0 有望创建合法的去中心化自治组织，在人工智能算法的驱动下，通过智能合约实现独立运行、决策和执行交易，实现管理流程自动化，提高组织效率，降低人员成本。另一方面，Web3.0 能够有效激励 AIGC 数据生成和共享，通过数据确权，个人和组织能够通过向人工智能模型贡献有价值的数据而获得经济奖励，从而营造更具协作性和创作性的 AIGC 生态系统。

总体而言，Web3.0 作为生产关系重构机器，AIGC 作为生产力提升引擎，两者的结合将进一步提高生产效率。

二、Web3.0 成为元宇宙的数字基石

元宇宙，也被称为虚拟世界，能够帮助用户以身临其境的方式参与各种应用服务。"元宇宙"一词最早出现在尼尔·斯蒂芬森（Neal Stephenson）的科幻小说《雪崩》中，文中拟构出一个和现实世界平行的基于数字科技的网络虚拟世界，人物游走于现实世界与元宇宙 3D 网络世界之间。而后，这个概念逐渐成为大部分书籍与电影（例如《头号玩家》《黑客帝国》）中的主流表述。现如今，技术正在飞速赶上科幻小说或电影，该术语也被用于定义任何为用户提供沉浸式环境的在线空间。

随着元宇宙逐渐开始走向生活，电信提供商逐渐将高级连接扩展到企业、家庭和个人，从而实现更多的交互、沉浸感和协作。技术提供商已经建立了超大规模平台，极大地推动了创新和运营，同时提供了新一代硬件，继续支持运行更复杂的任务。媒体和娱乐公司利用技术和电信来推送内容和讲故事，为世界各地的观众提供更丰富、更具互动性的社交体验。例如，Meta 推出了 Horizon Workrooms，允许用户在虚拟空间中进行会议、办公和协作。类似地，在用户生成内容游戏平台 Roblox 中，用户可以创造自己的虚拟世界，并与其他用户进行互动。

元宇宙和 Web3.0 都是下一代互联网的重要发展方向，但两者关注重点存在差异。元宇宙侧重描述人与信息之间交互方式的升级，通过 AR/VR、

脑机接口等新的方式来接入数字世界；而 Web3.0 侧重于描述人与数据所有权关系的变化。但是元宇宙和 Web3.0 又存在着密不可分的关联，一方面，Web3.0 中的区块链、分布式存储、数字身份等技术创新，为元宇宙中新型数字世界的构建提供更好的技术支撑。另一方面，Web3.0 和元宇宙都追求开放和共享的生态系统。Web3.0 通过开源协议和去中心化的网络构建开放的数字世界，改变了数字资产的管理和价值交换方式；而元宇宙则是一个开放的虚拟空间，允许用户创建、分享和交互，将数字经济拓展到了虚拟的三维空间中，为用户提供了全新的创造和交易方式。

具体而言，在技术基础层面，Web3.0 所代表的区块链和加密算法等技术为元宇宙世界奠定了可信和可溯的数据管理机制。所有的用户行为和资产交互在区块链上生成可追溯、不可篡改的记录，可有效防止虚拟世界中的作恶和盗窃数据事件发生。并且 Web3.0 为元宇宙提供了强大的数字身份和安全框架，用户在虚拟空间中的身份和数据管理变得更为安全、去中心化，并具备可移植性，增强了用户对自身数据的控制权。这为元宇宙世界营造了一个更加可靠、有保障的数据环境。在经济模式上，Web3.0 开创了元宇宙世界中"用户创作、用户共享"的新型价值网络。数字资产的存储和交换不再局限于中心化的平台，而是通过去中心化的区块链技术实现。NFT 的出现使数字艺术、虚拟土地等数字资产在元宇宙中变得独一无二且可追溯，为数字资产的所有权和交易提供了全新的范式。创作者可以通过设计虚拟空间、制作数字艺术等形式贡献内容，并获得代币激励。代币既是他们劳动的证明，也是探索元宇宙的通行证。这种代币经济机制鼓励更多建设者主动参与、持续贡献，形成良性循环。在应用场景上，基于 Web3.0 和元宇宙技术打造的虚拟空间，正在孕育无限可能。可以设想，虚拟宇宙未来将涵盖娱乐、艺术、教育、工作、医疗等各个社会领域。它不仅足以成为现实生活的焕象之地，也是一个巨大的新经济体。届时人类社会的很多经济活动都将逐步向这个新的虚拟世界转移和升级。在工作方式方面，去中心化的 Web3.0

技术改变了现有劳动力市场，在某种程度上消除了传统雇佣模式的壁垒，为全球范围内的人们提供了更多的机会。

总体而言，Web3.0 是元宇宙的经济基石，其中区块链等技术的创新为元宇宙后端的发展提供了强大的技术支持，建立了将数据所有权还给用户的生产关系，创造了新的经济范式，即创作者经济，为数字产品的版权、流通和价值发现提供了全新的路径和范式。这一创新将激发更多创作者的热情，进而为用户带来更丰富的体验，鼓励越来越多的用户参与到去中心化的元宇宙中。可以说，Web3.0 重构的不仅是技术形态，更是生产关系与分配方式，它将元宇宙的部分或全部生产要素下沉给用户，实现了一种更加开放和对等的网络治理结构，为元宇宙世界提供了经济基石。未来将会涌现出更多基于区块链与元宇宙技术的创新应用，逐步推动人类社会活动虚拟化、智能化和区块链化发展，向数字世界转型升级。

三、Web3.0 底层技术在性能与安全方面持续创新

近年来，Web3.0 技术创新活跃度高涨，区块链、隐私计算、数字身份等多项 Web3.0 核心底层技术瓶颈不断突破，使 Web3.0 在性能和安全两方面不断提升。

区块链模块化技术实现了区块链的可扩展与灵活部署。利用区块链模块化技术，不仅能够实现区块链系统的可扩展性和灵活部署，还能够为不同的应用场景提供定制化的解决方案。业务方根据具体业务需求，选择并组合适当的模块，构建出更加符合实际情况的区块链系统，使区块链系统能够更好地满足不同行业、不同领域的需求，从而推动了区块链技术在各个行业的广泛应用和发展。除了提升系统的灵活性和可定制性外，区块链模块化技术还为区块链系统的安全性、效率性和性能优化提供了新的思路和方法。通过将核心组件进行功能解耦和分别优化，能够更好地识别和解决区块链系统中存在的性能瓶颈问题，从而进一步提高了系统的稳定性和

可靠性。

Web3.0 融合隐私计算技术共同助力数据要素安全流通。Web2.0 时代，数据流通所面临的安全风险问题日益凸显，尤其是对于包含着大量敏感信息的金融、政务、医疗等行业数据来说，一旦泄露可能导致严重的后果。Web3.0 技术的出现为解决这一难题提供了新的思路和解决方案。通过将 Web3.0 技术与隐私计算技术相结合，如安全多方计算、联邦学习、零知识证明等，能够进一步提升数据安全和隐私保护能力。在这种技术模式下，原始数据得以在不泄露的前提下进行计算和分析，实现了"数据不动计算动，数据可用不可见"的处理效果，有效地解决了数据共享中的隐私泄露问题，为实现数据高价值流通提供了切实保障。

数字身份技术不断优化。随着区块链、密码学、认证等网络安全技术的飞速发展，数字身份技术正在经历持续优化和不断创新的阶段。具有"无须管理中心、自主管理身份、可移植、自动化"等核心特征的自主管理数字身份已经成为新一代网络标识演进的重要方向。这种趋势为数字身份领域带来了前所未有的发展机遇，将进一步推动数字身份系统向更加安全、高效和用户友好的方向发展。自主管理身份的核心理念是将用户对身份的控制权从中心化的身份管理机构转移到个人手中。这种模式不仅使个人能够更加灵活地管理自己的身份信息，还为数字信任生态系统的健康发展提供了坚实基础。通过采用去中心化的身份验证和管理机制，自主管理身份技术有效地降低了身份盗窃和身份伪造的风险，提高了用户对数字身份的信任度和安全性。随着数字身份技术的不断演进和优化，可以预见未来将出现更加智能化、个性化和可信赖的数字身份管理系统。这些系统将充分利用区块链技术的不可篡改性和密码学的安全性，实现身份信息的高效管理和安全传输。同时，数字身份技术的不断创新也将为各行各业的数字化转型提供更加可靠的身份认证和管理方案，推动数字经济和数字社会健康发展。

第二节 挑战和应对策略

一、统一标准，明晰 Web3.0 发展理念和路径是重点

目前，产业界和学术界从不同角度对 Web3.0 进行了定义，尚未形成标准统一的认识。首先，业界对 Web3.0 的定位不同。一部分观点将 Web3.0 定位为正在形成的下一代互联网框架，其去中心化架构、新技术协议及基础设施将带来互联网体系架构整体性演进和系统性升级；另一部分观点认为 Web3.0 主要是互联网应用层的创新。其次，Web3.0 的主要内容和发展方向不同。有人认为 Web3.0 是基于区块链、智能合约、通证等的价值互联网，以 DeFi、NFT、Web3.0 支付等泛金融领域发展为重点；也有人认为 Web3.0 是通过 AR/VR 等与现实世界交互融合、具备新型社会体系的数字生活空间，以 Web3.0 营销、元宇宙等沉浸式交互体验领域发展为重点。对 Web3.0 认知和发展方向的差异导致产业发展布局分散，呈现碎片化特点，缺乏系统性认识。

国内外 Web3.0 发展路径和水平出现明显差异。当前由于我国产业界对基于联盟链的 Web3.0 技术路径的偏重，使联盟链技术取得了一定的研发成果，但也面临一系列潜在问题。过度依赖联盟链技术路径可能导致标准的割裂，由此引发产业的滞后危机。联盟链技术容易形成封闭的"小圈子"生态，其技术影响力相对较弱，基础设施覆盖范围较窄，产业规模相对较小。

举例而言，以联盟链构建的区域或行业链网络节点主要分布在我国境内，而以太坊网络节点则覆盖了全球 50% 以上的国家。这种局部封闭可能阻碍我国 Web3.0 技术的国际交流与融合，限制其在全球范围内的竞争力。我国需进一步提高联盟链开放性和互操作性，加强可监管的许可公有链技术研究，建立满足 Web3.0 发展需求的大规模节点网络。

另外，Web3.0 标准建设工作还需要加快推进。虽然已存在一些行业标准，如《区块链技术安全通用规范》《区块链底层平台通用技术要求》《区块链数字藏品通用技术要求》《区块链信息系统通用测试规范》等，但这些规范在技术推广和规范普及方面仍然存在不足。数量上不能满足当前 Web3.0 产业发展的标准需求，因此亟须扩大新兴 Web3.0 技术标准的制定和推广力度，有助于实现不同技术和组织之间的互操作性，提高技术的整合和协同工作能力，将吸引更多的研发人员和应用实践者加入 Web3.0 生态系统的建设中，形成优势叠加的良好局面，通过标准引导产业集群优化升级。

随着 Web3.0 技术和产业的不断发展成熟，从业者和参与者将会逐步聚焦并梳理出明确的发展理念和技术演化路径，并且持续进行技术创新和实践验证的迭代，扩展完善 Web3.0 技术协议栈。此外，各个层面的标准化和产品化工作也将稳步推进，进一步促进 Web3.0 生态系统的健康发展和广泛应用，带来更加安全、高效和可信的互联网体验，为数字经济和实体经济的融合提供更强大的支撑。

二、技术应用尚不成熟，需多方协同推动 Web3.0 关键技术创新

Web3.0 技术协议栈的持续演进是为了满足日益增长的实体经济和数字经济融合发展的需求。目前已经初步形成实施层、基础层、扩展层、应用层以及数字身份标识化、数字对象资产化"四层两化"的技术架构。然而，随着技术和应用实践的不断验证，Web3.0 技术协议栈的内容和关系仍在不断丰富和明晰。

分布式账本通过去中心化存储、点对点传输、自动化脚本等机制，大大简化了交易流程，降低了交易成本，提高了交易速度，增强了用户对系统的信任度。但是，随着用户和交易量的增长，当前大部分分布式账本系统难以实现良好的可扩展性，导致出现网络拥堵、交易处理延迟较高的问题。因

此，新的共识算法和数据结构不断涌现，以解决可扩展性、安全性和效率等方面的挑战。例如，出现了更高吞吐量和更低能源消耗的共识机制，以及支持隐私保护和智能合约执行的新型分布式账本架构。并且，由于联盟链实行准入机制，难以形成统一入口，导致各联盟平台间难以实现互操作，这不仅限制了联盟链的影响力，也制约了更大范围内的技术和应用创新。未来如何增强联盟链的开放性和互操作性值得广泛关注。

智能合约具有有效降低运行成本、提高交易速度、支持复杂逻辑、创新金融服务等作用，但也面临着可靠性、安全性和可扩展性等一系列挑战。智能合约编程语言新颖、漏洞类型多样难以审计，使智能合约漏洞利用已经成为 Web3.0 领域最主要的攻击手法，造成巨大的经济损失。据统计，2023 年 124 起相关攻击事件共造成 5.7 亿美元损失。同时，随着用户数量和交易量的增加，一些区块链网络上的智能合约可能面临性能和扩展性方面的问题。此外，随着智能合约的广泛利用，新的编程语言和工具不断涌现，但由于缺乏普遍接受的智能合约标准，导致在不同区块链平台上的智能合约互不兼容。

去中心化身份认证是 Web3.0 的重要组成部分，旨在解决传统中心化身份验证系统中单点失效、信息易泄露及滥用等问题。然而，去中心化身份认证还存在很多关键挑战尚待解决。具体地，首先，在 Web3.0 环境下，由于数据的分布式存储，个体用户的身份信息可能分散存储在不同的区块链账本中，难以统一管理和识别。其次，Web3.0 中参与实体多样，包括个人用户、组织机构、智能合约等，不同实体在身份认证和管理方面往往具有不同的要求，使身份认证变得更加复杂和多样化。再次，Web3.0 的开放特性增加了安全风险，更自由的网络使黑客和网络犯罪分子更加容易窃取和滥用个人数据。最后，现有的 Web 标准可能无法有效支持 Web3.0 环境下的身份管理需求，例如，尚未考虑去中心化场景下身份验证和隐私保护需求。为了解决这些问题，需要在 Web3.0 环境下开发新的身份管理技术和标准，以适应开放自治场景下的身份识别和隐私保护需求。这可能涉及身份认证方式、身份标识的管理和存储机制、隐私保护算法等方面的创新，同时也需要与现有的Web标准进行兼容和整合，以确保在Web3.0环境下的数字身份管理能够实现高效、安全和可信赖地运行。

分布式存储通过将数据分散存储在多个存储服务器中，实现了高可用性、可靠性和性能优化，通过冗余和备份策略防止数据丢失，通过并行处理和负载均衡提高数据访问效率，能够检测和纠正节点故障，确保系统的稳定性，提高容错率，但在性能、易用性、激励机制等方面依然存在不足。首先，星际文件系统在大规模文件存储和检索时可能面临延迟较高的问题。由于分布式系统中数据存储的去中心化本质，文件的检索和传输速度可能受到网络拓扑结构和节点间通信的限制。其次，对于一般用户，星际文件系统的操作相对较为烦琐，需要一定的技术背景，难以广泛应用于各类应用场景。最后，在去中心化的存储网络中，如何激励节点提供高质量的服务，以及如何维持激励机制的稳定性都是亟待解决的问题。为应对这些挑战，涌现出了一系列的新型方案，并逐渐取代中心化文件系统成为主流。与中心化解决方案相比，这些新型分布式存储在数据可验证性和高可用性上具有天然优势，但由于数据的分散存储和加密验证等特性，更新数据可能需要更多的计算和通信成本，难以对数据进行更新，限制了迭代升级。针对这一问题，需要从激励机制与存储架构方面进行深入研究，在性能、易用性、安全性等关键指标上实现更大突破。

Web3.0所需的技术和知识涉及多个领域的交叉融合，包括6G通信、全息传输、脑机接口、数字孪生等前沿技术，这些技术的发展将为Web3.0提供关键支持。Web3.0涉及的技术广泛，目前仍面临许多挑战。在6G通信领域，需要进一步研究和开发高速、低延迟的通信技术，以满足Web3.0应用对实时性和高效性的需求。例如，需要解决无线频谱资源的分配和管理、网络拓扑优化、传输协议的改进等问题，以确保在高负载和高密度环境下的稳定性和可靠性。在全息传输和脑机接口方面，尽管取得了一些重要进展，但仍需要深入研究感知和交互技术，以实现更直观、身临其境的用户体验。例如，需要解决全息影像的生成和传输、用户界面的设计和交互方式的优化等问题，以提供更逼真、沉浸式的体验。同时，在脑机接口领域，需要克服信号解析和识别的精度和速度限制，以实现更准确、实用的脑—机交互。数字孪生技术的发展也面临着诸多挑战。其中包括数据安全和隐私保护的问题，例如怎样有效管理和保护大规模的数字孪生数据、如何确保数据的完整性和可信度等。同时，模型的精度和准确性也是一个重要的研究方向，需要进一步提升数字孪生模型的仿真和预测能力，以更好地支持 Web3.0 应用的决策和优化。

当前 Web3.0 关键技术尚未成熟，未来需要聚焦区块链、数字身份协议、数字资产协议和新型信任协议等核心技术的研究攻关，开展"AI+Web3.0""隐私计算 +Web3.0""AI+ 元宇宙 +Web3.0"等关键技术融合研究，提升我国自主创新能力，为下一代互联网升级做好技术储备。

三、监管存在挑战，谨防资产泡沫

随着核心技术的不断创新升级，Web3.0 在各行各业的应用深度和广度不断拓展；但是近年来，Web3.0 中金融犯罪、黑客攻击、病毒勒索、洗钱等非法行为频发，造成了严重的安全威胁。例如，BitMart 作为一个全球性的加密货币交易平台，在 2022 年遭受了黑客攻击，黑客侵入 BitMart 的系统窃取了大量用户的加密资产，造成了数十亿美元的损失，影响了众多用户和交易所的运营。加强对 Web3.0 的监管变得刻不容缓，这有助于引导 Web3.0 行业规范发展，防范和降低潜在风险给 Web3.0 技术发展应用带来的消极影响。但是 Web3.0 作为一项创新技术和商业模式，难以直接套用现有的法律制度和金融管理机制来实现有效监管。同时，Web3.0 所具有的内容难以修改和去中心化特征可能与监管机构认可的其他权利发生冲突，增加监管的难度。

首先，Web3.0 的核心理念是去中心化，使监管机构难以直接干预与控制网络和参与者的行为。在传统的监管过程中，中央机构可以对所有数据进行直接管控，因此现有的监管方案大多依赖于中心机构来实现。但在 Web3.0 的环境下，整体的决策权被分散到各个节点上，监管机构将难以直接介入整个网络并强制改变网络的规则。虽然，当前设有负责监督和管理网络中节点行为的管控节点小组来监督 Web3.0 网络中的交易，但当具有管控经验的节点在识别出市场操纵、欺诈等不当行为时，还需要号召大多节点都识别出该情况后才能够对其行为进行管控。并且，当前数字资产市场存在非理性炒作趋势，容易使不法分子误导公众盲目跟风，从而埋下金融危机的隐患。一些风投机构、加密资产参与者和技术创新者积极炒作 Web3.0 相关概念，吸引投资，甚至出现了将 NFT 或数字藏品进行同质化变种并炒作的倾向，试图通过市场热度误导投机行为。这种炒作和投机行为可能导致市场泡沫的形成，给投资者和市场带来不可预测的风险。

其次，由于各个国家内部的政策受到地理、文化、宗教、制度等多方面的影响，制定适用于 Web3.0 的跨国界监管政策将不可避免地涉及不同法律和监管体系之间的协调和合作问题。从表 6-1 中可以看出，各国对 Web3.0 的监管持有不同的态度。一些国家的监管机构正在积极探索和制定相关法规，以确保 Web3.0 的合规性和市场稳定。也有一些国家对 Web3.0 持保守态度或采取较为谨慎的监管措施，对于 Web3.0 所构建的平台处于保守型的测试过程。但当前，加强对 Web3.0 的监管已经是全球共识，相比其他国家，我国的监管体系相对集中且具有较强的统一性，我国监管机构能够在制定和实施网络监管政策方面起到重要的引导和监督作用，这种集中的监管模式有助于确保 Web3.0 平台在不同地区的合规性和监管一致性。另外，我国政府在近年来对网络安全和数据隐私保护的重视程度也在逐渐加强，相关的法律法规和政策措施不断完善，进一步保护网络用户的合法权益。

表 6-1　Web3.0 行业全球主要国家监管政策

国家 / 地区	日期	法案 / 其他	内容
美国	2022 年 3 月	《关于确保负责任地发展数字资产的行政命令》（Executive Order on Ensuring Responsible Development of Digital Assets）	由美国总统拜登签署，目的是确保数字资产负责任地发展
	2022 年 6 月	《负责任的金融创新法案》（Responsible Financial Innovation Act）	由美国参议员辛西娅·鲁米斯与柯尔斯藤·吉利布兰德提出，目的是为数字资产创建一个完整的监管框架，包括税收、证券、商品、交易所注册、消费者保护、稳定币、去中心化金融等部际协调等
美国	2022 年 8 月	制裁判例（Tornado Cash）	美国财政部下属外国资产控制办公室（OFAC）对智能 Tornado Cash 实施制裁，禁止美国实体或个人使用 Tornado Cash 服务，这是外国资产控制办公室首次制裁智能合约地址
	2023 年 2 月	投资顾问合格托管人的拟定提案	由美国证券交易委员会（SEC）发布，进一步提高了针对虚拟资产的托管要求，并将要求扩大到了基金等投资顾问，要求它们必须使用合格托管人持有相关虚拟资产
	2023 年 4 月	《DeFi 非法金融活动评估报告》（DeFi Illicit Finance Risk Assessment）	这是世界上首份基于 DeFi 的非法金融活动评估报告，亦是对 2022 年 3 月白宫发布的虚拟资产监管框架的回应
中国	2022 年 4 月	《关于防范 NFT 相关金融风险的倡议》	由中国互联网金融协会、中国银行业协会、中国证券业协会联合发布，坚决遏制 NFT 金融化、证券化倾向，包括交易等
	2022 年 5 月	《最高人民法院关于加强区块链司法应用的意见》	由最高人民法院发布，旨在建成人民法院与社会各行各业互通共享的区块链联盟，提升效率，与各界跨链协同
	2022 年 11 月	数字藏品交易引发的信息网络买卖合同纠纷案	由杭州互联网法院发布，法院经审理认为，NFT 数字藏品具有价值性、稀缺性、可支配性、可交易性等财产权客体特征，同时还具有网络虚拟性、技术性等网络虚拟财产特有属性，属于网络虚拟财产

续表

国家/地区	日期	法案/其他	内容
中国	2022年10月	《有关虚拟资产期货交易所买卖基金的通函》	由香港证监会发布，认可虚拟资产期货ETF在香港公开发售
	2023年6月	《有关香港虚拟资产发展的政策宣言》	在香港经营业务或向香港投资者积极推广其服务的中心化虚拟资产交易所，不论它们是否提供证券型代币交易服务，将需获香港证监会发牌并受其监管
	2023年6月	《关于更好发挥数据要素作用进一步加快发展数字经济的实施意见》	加大对数据流通基础设施和交易场所的投资，探索建设基于真实底层资产和交易场景的数字资产交易平台，给予数据资产运营单位相应业绩考核支持
欧盟	2023年5月	《加密资产市场法规》（Markets in Crypto-Assets. Regulation）	为欧盟现有金融服务立法未涵盖的加密资产提供法律框架，通过建立健全和透明的法律框架以支持创新，促进加密资产发展
新加坡	2022年1月	《限制加密货币交易服务：提供商向公众推广其服务的指导方针》	由新加坡金管局（MAS）发布，禁止加密交易服务提供商面向公众营销
	2023年8月	稳定币最终版监管框架	新加坡针对稳定币出台的监管框架，认为满足监管框架规定的稳定币发行人才能向新加坡金管局申请其稳定币被认可，并贴上"新加坡金管局监管的稳定币"标签。新加坡金管局的稳定币监管框架旨在促进稳定币作为可信的数字交易媒介使用，并作为法定货币和数字资产生态系统之间的桥梁
阿联酋	2023年2月	《2023年虚拟资产及相关活动条例》（Virtual Assets and Related Activities Regulations 2023）	要求所有在阿联酋地区开展虚拟资产业务或提供服务的市场参与者（除两个金融自由区ADGM、DIFC之外）必须获得阿联酋证券和商品管理局或VARA的批准和许可

续表

国家／地区	日期	法案／其他	内容
韩国	2022 年 6 月	成立数字资产委员会	由韩国政府主导成立，旨在提出政策建议，包括新加密货币在交易所上市的标准、首次代币发行（Initial Coin Offering，ICO）时间表，并在数字资产基本法案（Digital Asset Basic Act，DABA）颁布之前实施投资者保护
	2023 年 5 月	《虚拟资产使用者保护法》	引入保护客户资产、杜绝不公平交易等保护用户的法律规则。该法案对虚拟资产市场进行规范，将加密货币、加密资产、数字资产等术语统一为虚拟资产

再次，Web3.0 在实现数据的去中心化同时还为用户提供了更强的隐私性和匿名性，允许参与者可以使用匿名身份进行交易和互动，这使监管机构在追踪和监控交易以及参与者身份方面面临着更为艰难的挑战。例如，传统的监管机构往往依赖于银行等金融机构作为监测和追踪资金流动的关键节点；然而，在 Web3.0 平台上，参与者可以通过匿名钱包地址进行交易，从而有效地隐藏其身份和交易行为来确保个人隐私数据。但这样的设定也为洗钱者、网络犯罪分子和恐怖主义分子等实施违法活动提供了更大的操作空间，使监管机构的监测和打击工作更加困难。

最后，Web3.0 中采用了复杂的加密算法、智能合约和分布式账本技术，这使监管机构在监管这些新兴技术的应用方面需要具备相应的技术能力和专业知识。例如，Web3.0 采用了加密算法来确保数据和通信的安全性，保护用户隐私，并提供可信的身份验证和数字资产保护机制。那么，监管者需要了解可证明性安全相关知识，才能验证平台所采用的密码策略能否保护用户资产。而智能合约作为 Web3.0 平台上的自动执行代码，用于实现各种业务逻辑和合约约束。监管机构需要了解智能合约的编写语言和其执行的虚拟环境，以及合约中的各类功能和规则。只有具备相关的技术能力和专业知识，监管机构才能评估智能合约的安全性和合规性，并及时应对可能出现的风险和漏洞。分布式账本技术是 Web3.0 平台的核心基础设施，用于实现交易记录的去中心化存储和验证。监管机构需要了解分布式账本的工作原理和共识算法，以及区块链的数据结构和隐私保护机制。只有具备这些专业知识，监管机构才能审查和监控区块链上的交易记录，追踪资金流动，发现并阻止违法活动。

未来对于建立完善的 Web3.0 监管体系，可以从以下几个方面出发。

第一，加密货币平台和服务提供商在运营中需严格履行客户尽职调查、交易监测和报告的职责。通过实施有效的客户身份验证程序，监控交易活动，及时报告可疑或非法交易，以及与监管机构建立合作关系，平台可以确保业务合法性、透明度和安全性。同时，为员工提供合规培训，加强对用户的合规宣传，采用先进的技术手段保护平台安全，建立专业的合规团队，并定期进行风险评估和改进，有助于建立一个安全、合规、可信赖的加密货币交易环境，维护用户权益，防范金融犯罪，并赢得监管机构的信任。

第二，强化对数字资产的法律认定，建立数字资产分类体系至关重要。这包括明确定义数字资产，划分不同类别并考虑其性质、用途和发行机制。确立数字资产的法律地位，明晰各类数字资产的权责关系，以及划分监管机构职责，提高监管的专业性。同时，制定合规标准，规定数字资产的发行和交易合法条件，实施审慎监管，维护市场秩序。加强国际合作，分享经验，建立跨境监管协调机制，促进全球数字资产市场的健康发展。这一系列措施旨在为数字资产构建清晰、稳定、可持续的法律框架，保护投资者权益，促进数字经济的创新与发展。

第三，增加对监管沙盒的尝试。金融科技发展相伴随的是其产生的大量风险，这些风险较传统金融风险更加隐秘，破坏性也更大。这种"破坏式创新"不仅挑战着传统的业务模式，也挑战着传统的监管模式，推动监管改革。监管沙盒为更好地处理鼓励创新和防范风险间的关系提供了有力工具，通过在 Web3.0 领域提供一种有限范围内的实验和探索环境，既能够避免对创新的过度限制，又能够有效预防潜在风险的出现。英国金融监管局（Financial Conduct Authority，FCA）首次在金融科技领域建立了沙盒制度，为该领域的监管提供了灵活的框架。该沙盒制度涵盖了广泛的区块链和数字资产服务，为创新企业提供了合规测试和监管指导的机会。加密货币平台和服务提供商应履行客户尽职调查、交易监测和报告的职责。

Web3.0 作为新一代互联网演进的重要方向，正在形成以去中心化的底层网络架构为核心、数据主权和价值传输为目标的下一代互联网框架。一方面，Web3.0 推动形成了新型数据框架和流通机制，创造了面向数据要素确权、流通、交易的经济体系，推动互联网商业模式和价值分配模式变革，促进数字经济与实体经济的融合发展。另一方面，Web3.0 各应用领域的创新推动互联网技术协议和底层基础设施的变革。

本书全面深入地探讨了 Web3.0 的各个方面，包括基本认识、体系架构、开发与部署、场景应用、产业发展以及机遇与挑战。在体系架构层面，Web3.0 核心技术逐渐趋于成熟，服务组件、交互技术日益丰富，在内容生成和事务执行等方面的效率与交互体验不断提高。在开发与部署层面，Web3.0 正在构建以区块链为技术底座、数字钱包为应用入口、数字身份与数字资产驱动的新一代通信计算存储网络。在场景应用层面，一方面，虽然目前 Web3.0 应用仍然以数字原生应用为主体，但随着用户需求不断提高，社区开发者更加关注应用的实用性，以及应用与现实世界的关联；另一方面，国内初步形成了面向数据要素流通的 Web3.0 技术与应用框架，推动数据要素在身份管理、资产流通、生态治理与安全监管等领域的发展。在产业发展层面，传统金融机构纷纷布局实现世界资产通证化赛道，行业巨头进军 Web3.0 支付业务及场景，国际顶级品牌利用 Web3.0 技术开展数字营销探索。未来 Web3.0 将融合 AIGC、AR/VR 等技术，与现实世界交互融合，以 Web3.0 营销、元宇宙等沉浸式交互体验领域发展为重点，构建新型社会体系的数字生活空间。

目前，Web3.0 发展仍处于初期阶段，还面临技术应用创新与合规监管需同步、加密资产监管框架需统一的问题。并且如何丰富立法、执法、监管沙盒等监管手段，打击反洗钱/反恐怖主义融资，确保金融稳定性，保护消费者/投资者和市场诚信，都是未来 Web3.0 技术与应用实现全面开花亟待解决的问题。相信通过政策保障机制的支持、法律法规体系的完善、底层基础设施和配套组件工具的支撑，以及应用的规模化发展，Web3.0 将会为我们带来更加开放、透明、安全、高效的数字化体验。我们期待着在 Web3.0 的道路上不断前行，共同见证数字世界新的时代的到来。

策划编辑：李甜甜

装帧设计：胡欣欣

图书在版编目（CIP）数据

Web3.0 ：一场互联网生态的变革／中国信息通信研究院编著 .

北京 ：人民出版社，2024. 9. -- ISBN 978 - 7 - 01 - 026699 - 2

Ⅰ. F49

中国国家版本馆 CIP 数据核字第 2024MV2294 号

Web3.0 ：一场互联网生态的变革

WEB3.0: YICHANG HULIANWANG SHENGTAI DE BIANGE

中国信息通信研究院　编著

人民出版社 出版发行

（100706　北京市东城区隆福寺街 99 号）

北京汇林印务有限公司印刷　新华书店经销

2024 年 9 月第 1 版　2024 年 9 月北京第 1 次印刷

开本：710 毫米 ×1000 毫米 1/16　印张：13

字数：180 千字

ISBN 978 - 7 - 01 - 026699 - 2　定价：52.00 元

邮购地址 100706　北京市东城区隆福寺街 99 号

人民东方图书销售中心　电话（010）65250042　65289539